TU CASA
TU NEGOCIO
O AMBAS

RÉDIGO PERNÍA / NELSON ROMERO

A nuestras esposas: María Cecilia y Yozu, que apuntalan nuestras ideas.

A nuestros hijos que nos inspiran y sostienen.

¿TU CASA, TU NEGOCIO O AMBAS?

ÍNDICE

1. Por qué este libro..............................9

2. Una casa, dos casas, muchas casas........27

    a. Dónde construyo......................29
    b. Qué construyo..........................45
    c. Cómo construyo......................57
    d. Quién me autoriza....................71
    e. Quién me financia....................81
    f. Quién construye......................95
    g. Quién vende..........................117

3. Una casa o un negocio.....................135

    a. ¿Me la quedo o la vendo?..........137
    b. Otras ventajas.......................155
    c. Ambas cosas........................167

¿POR QUÉ ESTE LIBRO?
Lo que nos trajo hasta aquí

El *sueño americano* es un término referido a la convicción que cualquier persona, no importando su origen social, económico o étnico, puede lograr el éxito y la prosperidad en Estados Unidos de América a través del trabajo duro, la determinación y las oportunidades igualitarias. Esta creencia ya sembrada en la mentalidad del colectivo, se basa en la idea de que cada individuo tiene la posibilidad de alcanzar una vida mejor, obtener una educación de calidad, tener una vivienda propia, acceder a un empleo bien remunerado y disfrutar de una buena calidad de vida.

Todo basado en el derecho a la felicidad consagrado en la constitución nacional por los padres fundadores de esta nación, El sueño americano ha sido parte fundamental de la identidad y la cultura de Estados Unidos, y que se asimila al ideario colectivo a través de los principios fundamentales del sueño americano, que incluyen:

1. Igualdad de oportunidades: que se basa en la creencia de que todas las personas deben tener las mismas oportunidades para tener éxito, sin

importar su origen o circunstancias, creencia; raza, credo o condición social.

2. Ascenso social: que se basa en que el sueño americano ofrece la posibilidad de ir escalando a nivel social y económico a través del trabajo disciplinado y el merecimiento, permitiendo a las personas mejorar su situación económica y social.

3. Libertad y autonomía: que se basa en valorar la libertad individual y la capacidad de tomar decisiones propias sobre la vida, incluyendo la elección de empleo, educación, vivienda y estilo de vida, sin más límites que los que el propio individuo se imponga, así como las leyes mismas.

4. Prosperidad económica: que es un elemento clave del sueño americano orientado a la prosperidad material, lo que implica tener un empleo bien remunerado o un nivel de ingresos del nivel que nuestro propio esfuerzo permita, así como acceso a oportunidades de crecimiento y la posibilidad de acumulación de riqueza.

5. Propiedad de vivienda: que se basa en la idea de acceder y tener una vivienda propia, como un aspecto primordial del sueño americano, que simboliza la estabilidad, la seguridad y el logro personal individual y colectivo.

6. Educación y formación: que se basa en la

consideración de que la educación es un pilar fundamental para alcanzar el sueño americano, que brinda el conjunto de herramientas y habilidades necesarias para lograr el éxito en la vida.

Estos aspectos podrían variar en su apreciación y práctica, pero en general, representan el conjunto de valores y anhelos vinculados con el cumplimiento del sueño americano, por parte de todos y cada uno de los miembros del colectivo de la nación americana.

En lo relativo a ser propietario de una vivienda es importante la consideración en el contexto del sueño americano, los siguientes puntos:

1. Estabilidad y confianza: basados en que lograr tener una vivienda propia, proporciona solidez y seguridad a las personas y a sus familias. Estos elementos son símbolos que caracterizan un lugar seguro y duradero para vivir, lo cual les permitirá establecer raíces para la construcción de una vida estable.
2. Acumulación de riqueza: basados en que la propiedad de una vivienda es una inversión a largo plazo, y que los valores de las propiedades tienden

a aumentar con el tiempo, lo cual permite a los propietarios aumentar su patrimonio a medida que el valor de su propiedad aumenta, brindando a éstos, una base financiera sólida para el futuro.

3. Obtención de logro personal: basados en que la propiedad de una vivienda es vista como un símbolo de logro y éxito personal. Es por lo que para muchas personas, comprar una casa propia es un hito importante en sus vidas y representa el cumplimiento de un objetivo vital.

4. Estabilidad comunitaria: basado en que cuando las personas son propietarias de sus viviendas, aumentan su sentido de pertenencia (belonging) a la comunidad, lo cual a su vez crea una mayor presencia, permanencia y continuidad en los vecindarios y fomenta la participación cívica en el cuidado del entorno.

5. Oportunidades de legado: basado en que la propiedad de una vivienda también puede proporcionar oportunidades de herencia o legado, lo que permite que las generaciones futuras hereden y se beneficien de la propiedad familiar. Este factor ayuda a crear una base económica sólida para las generaciones venideras, además de contribuir a la movilidad social.

En resumen, la propiedad de vivienda es importante en el contexto del sueño americano, porque apunta a factores como la estabilidad, la seguridad, las oportunidades de acumulación de riqueza y a un sentido de logro personal y colectivo.

¿Qué dicen los que saben?

Autores reconocidos como Robert Kiyosaki y Grant Cardone, que son personas renombradas y de marcado éxito en el mercado inmobiliario mundial, tienen diferentes perspectivas sobre el real significado del concepto del sueño americano y la manera en que debemos comprar una casa, como expresión del mismo.

Robert Kiyosaki, autor de *"Padre Rico, Padre Pobre"*, sugiere que la compra de una casa propia no siempre es la mejor inversión. Él argumenta que las viviendas propias son pasivos financieros, ya que no generan ingresos y requieren gastos constantes, como el pago de la hipoteca, los impuestos y el mantenimiento. Es por lo que Kiyosaki promueve la idea de invertir en activos que generen ingresos, como bienes raíces comerciales o propiedades de alquiler, en lugar de comprar una casa para vivir.

Por otro lado, Grant Cardone, autor de "10X Rule" y experto en inversiones inmobiliarias, también cuestiona la idea de comprar una casa propia como una inversión, expresión del tantas veces nombrado, sueño americano. Cardone argumenta que en lugar de gastar dinero en una casa, es más beneficioso invertir en bienes raíces, como una inversión comercial que genere ingresos pasivos.

Cardone enfatiza la importancia de generar flujo de efectivo y multiplicar las inversiones para lograr la libertad financiera, por lo que puede decirse que ambos autores sugieren que, en lugar de enfocarse únicamente en la compra de una casa propia, es importante considerarlo como una opción de inversión que pueda generar ingresos pasivos y ayudar a construir riqueza a largo plazo.

Es importante tener en cuenta que estas son sólo perspectivas y opiniones individuales, pero que al tomar decisiones sobre la compra de una casa, es recomendable evaluar cuidadosamente las opciones y considerar factores como el estilo de vida, los objetivos financieros y la situación personal antes de tomar dichas decisiones.

Grant Cardone es de los que opina contundentemente sobre la idea de comprar una casa propia como una inversión, cuestionando la noción tradicional de que la compra de una casa es una inversión inteligente, cuando él argumenta que no lo es, pues afirma que la compra de una casa propia conlleva un gasto de una gran cantidad de dinero en un activo que no genera ingresos. Además, indica que la mayoría de las personas destinan gran parte de sus ingresos a pagar una hipoteca, impuestos y mantenimiento, y ello reduce su capacidad para invertir en activos que generen ingresos pasivos.

En lugar de adquirir una vivienda propia, Cardone sugiere invertir en bienes raíces y propiedades que se puedan alquilar, pues generan ingresos y aumentan la riqueza a largo plazo, argumentando que lo más beneficioso es utilizar el dinero para adquirir activos que generen flujo de efectivo y aumenten el patrimonio neto.

En conclusión, la posición de los preseñalados y prestigiosos autores, ante la idea de comprar una casa propia, como una inversión es que no es la mejor opción. Ellos manifiestamente promueven la opción de invertir en activos que generen ingresos pasivos y ayuden a alcanzar la libertad financiera. Estas propiedades pueden incluir apartamentos, edificios comerciales, almacenes u oficinas.

Al invertir en bienes raíces comerciales y propiedades de alquiler, sostienen que se puede aprovechar el poder del apalancamiento financiero y beneficiarse de los ingresos pasivos que generan estas propiedades, señalando además que este enfoque permite tener un mayor control sobre la inversión y la posibilidad de aumentar la rentabilidad a través de la gestión adecuada de los activos.

¿Comprar o construir?

El negocio de la construcción en los Estados Unidos ha pasado por cierta estabilidad en los últimos años, y aunque existen ciertos factores que pueden afectar la industria, en general se considera una figura sólida y en constante crecimiento. Es por lo que algunos de los elementos que contribuyen a la solidez del negocio de la construcción en los Estados Unidos son:

1. Demanda constante: pues existe una solicitud permanente de nuevas construcciones, tanto residenciales como comerciales, determinado por el crecimiento de la población y la necesidad de renovación de infraestructuras contribuyen a mantener una demanda estable en el sector.
2. Inversión en infraestructuras: pues el gobierno federal y los gobiernos estatales y locales suelen invertir en proyectos de infraestructuras, como carreteras, puentes, aeropuertos y sistemas de transporte público. Todas estas inversiones proporcionan oportunidades de empleo y negocio para las empresas de construcción y de desarrollo

inmobiliario.

3. Desarrollo inmobiliario: pues el mercado inmobiliario en los Estados Unidos sigue siendo fuerte, lo que apunta al impulso de la construcción de viviendas nuevas y la renovación de propiedades existentes (fix and flip). La demanda de viviendas y espacios comerciales continúa creciendo, lo cual constituye una grandísima oportunidad para las empresas constructoras.

4. Tecnología y sostenibilidad: pues la industria de la construcción está acogiendo cada vez más tecnologías y prácticas sostenibles. Esto incluye el uso de materiales y métodos de construcción más eficientes, agregando valores e innovación basados en factores como la energía renovable y la reducción de residuos. Estos avances tecnológicos y sostenibles convierten a la industria de la construcción en un sector permanentemente actualizado y en constante evolución.

Aunque el negocio de la construcción puede verse afectado por factores económicos y políticos, en general se considera una empresa estable en los Estados Unidos. La demanda constante de diferentes tipos de inmuebles, la inversión en infraestructuras, el desarrollo inmobiliario y la adopción de tecnologías y prácticas sostenibles contribuyen a su estabilidad a largo plazo, por lo que la adquisición de un inmueble puede considerarse tanto un activo como un pasivo, dependiendo del contexto y de cómo se utilice.

Si lo enfocamos desde la perspectiva contable y financiera, una casa se considera un activo. Un activo es cualquier bien o propiedad que tiene un valor económico y puede generar beneficios futuros. Una casa puede aumentar su valor con el tiempo y generar ingresos si se alquila o se vende a un precio más alto en el futuro. Es por lo que la propiedad de una casa puede proporcionar estabilidad y seguridad financiera a largo plazo.

Sin embargo, desde el punto de vista de los flujos de efectivo mensuales, una casa puede considerarse también un pasivo, ya que un pasivo es una obligación financiera o deuda que requiere pagos regulares, ya que la adquisición de una casa generalmente implica un préstamo hipotecario, lo que significa que se deben realizar pagos mensuales para cubrir el capital y los intereses de la hipoteca. Estos pagos se consideran gastos y reducen los flujos de efectivo disponibles para otros fines.

En conclusión, la compra de una casa se considera un activo debido a su valor económico y su potencial para generar beneficios futuros. Sin embargo, también puede ser considerada un pasivo debido a los pagos mensuales requeridos para cubrir la hipoteca. Es importante considerar tanto los aspectos financieros como los flujos de efectivo al determinar si la compra de una casa es más beneficiosa como activo o como pasivo en una situación específica.

Una casa, ¿para habitarla o para venderla?

La decisión de construir un inmueble para venderlo o para habitarlo depende de diversos factores y objetivos personales. Ambas opciones tienen sus ventajas y desventajas, y lo que puede ser mejor para una persona puede no serlo para otra. A continuación, se mencionan algunos puntos importantes que se deben considerar:

Si se trata de construir para vender, es importante atender a las siguientes consideraciones:

1. Potencial de ganancia: pues al contar con experiencia en el mercado inmobiliario y se cuenta con información sobre la demanda de viviendas en determinadas áreas, construir para vender puede ser una oportunidad de obtener ganancias significativas.
2. Flexibilidad: pues al construir para vender, se tiene la libertad de elegir el diseño, los materiales y las características de la propiedad que puedan resultar atractivas para los posibles compradores.

3. Mayor liquidez: pues la venta de una propiedad construida para vender, puede generar ingresos rápidos y proporcionar liquidez para futuros proyectos o inversiones.

Si se trata de construir para habitar **es importante atender a las siguientes consideraciones:**

1. Personalización: ya que al construir una propiedad para habitarla, se tiene la oportunidad de diseñar según las necesidades y gustos personales. Esto puede incluir elementos como el interiorismo, la distribución de espacios, los acabados y las características específicas que contribuyan al confort y bienestar del propietario.
2. Estabilidad y arraigo: ya que al construir una propiedad para habitarla, se puede establecer un hogar permanente y crear un sentido de arraigo en la comunidad. Esto puede ser especialmente valioso para aquellos que buscan estabilidad a largo plazo y desean tener un lugar propio donde vivir.
3. Ahorro en costos a largo plazo: Al construir una propiedad para habitarla, se pueden tomar decisiones de diseño y construcción que optimicen la eficiencia energética y reduzcan los costos de

mantenimiento a largo plazo.

En última instancia, la elección entre construir para vender o construir para habitar, dependerá de tus objetivos personales, de tus circunstancias financieras, del conocimiento que tengas del mercado inmobiliario y de tus preferencias personales, por lo que es recomendable estudiar muy de cerca los pros y contras de cada opción, antes de tomar una decisión.

En este libro (y aquí está el por qué), los autores te llevaremos a un recorrido por el interesantísimo mundo del desarrollo inmobiliario y después de lo cual, estamos seguros que la decisión que tomes te conducirá a obtener las ventajas de ambos mundos: construir para habitar o construir para vender.

Lo más importante de todo es, sin duda alguna, que podrás entender el sentido de negocio que involucra la construcción, para producir y hacer crecer tu patrimonio, indistintamente de si tienes una casa propia o no.

UNA CASA, DOS CASAS, MUCHAS CASAS…

DÓNDE CONSTRUYO
Búsqueda del mejor terreno

Construir, puedes hacerlo en cualquier parte de los Estados Unidos. Es una gran nación que ofrece oportunidades en cualquier área, por temas como la seguridad jurídica, una tradición democrática de casi 250 años, unas instituciones que funcionan en favor de sus ciudadanos y residentes y un sistema económico y financiero robusto. Es por lo que la industria de la construcción es de las más dinámicas y desarrolladas del planeta.

Sin embargo, y a los fines del presente texto, te recomendamos comprar un terreno en el sur de Florida con el objetivo de construir y vender una casa por varias razones, pero fundamentalmente porque puede ser una inversión muy prometedora, por lo que exploraremos las razones por las cuales esta decisión puede ser beneficiosa y rentable, y porque te mostraremos a continuación, en qué se basa nuestra propuesta.

En primer lugar, el sur de Florida se ha convertido en un destino muy atractivo para vivir debido a su clima cálido durante todo el año y sus hermosas playas. Esto ha llevado a un aumento constante en la demanda de viviendas en la zona, lo que significa que hay un mercado sólido para la venta de propiedades. Al comprar un terreno y construir una casa en esta región, es probable que encuentres compradores interesados en adquirir una propiedad en un lugar tan deseado.

La tasa de crecimiento demográfico es de las más altas del país, no solamente en personas de clase media, sino también entre personas de clase alta, encabezando la lista millonarios muy famosos a nivel mundial, quienes no solamente ven oportunidad de una vida tranquila y llena de bienestar, sino por las oportunidades que brinda la Florida a sus familias y a sus negocios, ya que empresas o marcas mundialmente conocidas, encuentran en este estado, un lugar donde además de grandes oportunidades, encuentran beneficios fiscales para sus inversiones.

Como oportunidad de negocio para nuestros lectores, el sur de Florida ofrece además una gran cantidad de opciones para el desarrollo inmobiliario, ya que con el crecimiento de la población y la expansión de las áreas urbanas, existen numerosos proyectos de desarrollo en curso y planificados en la región, por lo que al comprar un terreno en una ubicación estratégica, es posible aprovechar estas oportunidades y obtener un retorno de la inversión significativo.

Otra ventaja de comprar un terreno en el sur de Florida es la posibilidad de personalizar la casa según las preferencias y necesidades de los compradores potenciales, ya que al construir una casa desde cero, tienes la libertad de diseñar y equipar de acuerdo con las últimas tendencias y tecnologías. Esto puede ser un gran atractivo para los compradores, ya que muchos buscan propiedades modernas y adaptadas a su estilo de vida.

Además, el mercado inmobiliario en el sur de Florida ha demostrado ser bastante estable a lo largo de los años, pues aun cuando puede haber fluctuaciones en el mercado, en general, la propiedad raíz en esta región ha mostrado un aumento constante en su valor. Alcanzando valores de más de un 5% en el valor de venta en los primeros doce meses, y hasta un 24%, a los veinticuatro primeros meses. Esto significa que, a largo plazo, la inversión en un terreno y la construcción de una casa para venderla puede generar ganancias sustanciales.

En resumen, comprar un terreno en el sur de Florida para construir una casa y venderla puede ser una decisión inteligente desde el punto de vista financiero. La creciente demanda de viviendas en la región, las oportunidades de desarrollo inmobiliario, la posibilidad de personalización y la estabilidad del mercado son factores que respaldan esta idea. Si se toman las decisiones correctas y se realiza una planificación adecuada, esta inversión puede ser altamente rentable y gratificante.

Más ventajas en el sur de Florida.

Comprar un terreno en el sur de Florida ofrece varias ventajas. Aquí hay algunas de ellas:

1. Empezando por el clima, ya que el sur de Florida tiene un clima subtropical, lo que significa que disfruta de temperaturas cálidas y suaves durante todo el año. Esto lo convierte en un lugar ideal para vivir o vacacionar. Se trata de un lugar con posibilidad de llevar a cabo actividades al aire libre, ya que Florida cuenta con una gran cantidad de parques estatales, reservas naturales y playas impresionantes. Comprar un terreno en el sur de Florida permite acceso a una amplia gama de actividades al aire libre, como senderismo, pesca, navegación y deportes acuáticos.
2. Por otra parte, el sur de Florida es conocido por su fuerte crecimiento económico. La región alberga una gran cantidad de empresas y ofrece numerosas oportunidades laborales. La llegada a esa zona por parte de los grandes del retail en la economía americana, así como las grandes organizaciones como Amazon, quienes están desarrollando el más grande de sus centros en Florida, hacen

que comprar un terreno en esta área sea ser una inversión rentable a largo plazo.

3. Otra de las razones es la diversidad cultural que la caracteriza. El sur de Florida es un lugar multicultural y diverso. Su ciudad principal, Miami en particular, es conocida por su vibrante escena artística, gastronómica y de entretenimiento. Comprar un terreno cerca de esta área te permitirá sumergirte en una mezcla única de culturas y experiencias, cargada además de múltiples atracciones turísticas. El sur de Florida es un destino turístico popular, con atracciones como los parques temáticos de Orlando (en Florida Central), los Everglades y las hermosas playas de Miami. Esto dará oportunidad de disfrutar de estas atracciones en cualquier momento.

4. Otra razón de importancia es la fuerte economía regional, ya que el sur de Florida tiene una economía regional sólida y diversa. Se trata de un importante centro financiero, con una gran cantidad de empresas y bancos establecidos, conocida por el dinamismo de otros sectores como turismo, bienes raíces, tecnología y servicios profesionales. Esto crea un entorno propicio para el crecimiento económico y la generación de empleo.

5. Lo anterior nos lleva a unas valiosas oportunidades laborales producto de una variedad de industrias, ya que empresas nacionales e internacionales tienen presencia en la región, lo cual significa que hay una demanda constante de profesionales calificados y mano de obra en general, por lo que adquirir un terreno en esta área puede brindarte la ventaja de estar cerca de un conjunto de oportunidades laborales y establecer tu negocio en un lugar próspero.
6. Sumemos la infraestructura desarrollada con la que cuenta el sur de Florida, que incluye carreteras, aeropuertos y puertos marítimos. Excelentes vías de comunicación que facilitan el transporte de mercancías y el movimiento de personas, lo que a su vez estimula el comercio y el crecimiento económico. Al comprar un terreno en la costa oeste de Florida, puedes aprovechar esta infraestructura para tu negocio o inversión.

Es importante tener en cuenta que el crecimiento económico puede variar según la ubicación específica dentro del sur de Florida.

Estamos hablando de ciudades principales, pero también de ciudades secundarias que por su cercanía a aquellas, adquieren una relevancia importante, por lo que es recomendable investigar y evaluar el mercado inmobiliario y las perspectivas de crecimiento para tomar una buena decisión de compra.

La costa oeste

Las ciudades de la costa oeste de Florida con mayor proyección de crecimiento son:
1. Tampa: Ubicada en la costa del Golfo de México, es una ciudad en crecimiento con una economía diversa y en constante desarrollo. Además, cuenta con una gran cantidad de atracciones turísticas y una sólida industria de servicios.
2. Sarasota: Conocida por sus hermosas playas y clima cálido, Sarasota ha experimentado un crecimiento significativo en los últimos años. Además de ser un destino turístico popular, la ciudad también cuenta con una próspera comunidad artística y cultural.
3. Naples: Situada en la costa suroeste de Florida,

Naples es conocida por sus playas de arena blanca y su estilo de vida lujoso. La ciudad ha experimentado un vertiginoso crecimiento en los últimos años, atraído por su clima agradable y su alta calidad de vida.

Estas ciudades de la costa oeste de Florida son consideradas como algunas de las mejores opciones para vivir y trabajar debido a su crecimiento económico, oferta de empleo y calidad de vida. Pero si además vemos las ciudades secundarias con mayor proyección en la costa oeste del sur de Florida, estamos hablando de ciudades como:

1. Fort Myers: La cual está situada en el río Caloosahatchee, habiendo experimentado un notable crecimiento en los últimos años, por ser una ciudad cuenta con un clima cálido durante todo el año, playas hermosas y una gran cantidad de actividades al aire libre.
2. Punta Gorda: la cual está ubicada en la costa del Golfo de México, Punta Gorda es una ciudad tranquila y encantadora que ha ganado popularidad en los últimos años. Que cuenta con una amplia oferta de actividades náuticas y una gran calidad de

vida, Punta Gorda atrae a residentes y visitantes por igual.

3. Cape Coral: Conocida como la ***"Venecia de América"***, Cape Coral es una ciudad en expansión que cuenta con numerosos canales y vías fluviales. La ciudad ofrece una gran cantidad de oportunidades recreativas y una amplia variedad de opciones de vivienda.
4. LeHigh Acres: Ubicada en Lee County, es una zona cuyo desarrollo económico y expansión de infraestructura se distingue por encima de muchas otras de su estilo. Con una pujante economía, cuenta con el arribo de importantes entidades financieras, comerciales e industriales de carácter nacional.

Estas ciudades secundarias en la costa oeste del sur de Florida están experimentando un crecimiento significativo debido a su ubicación junto al agua, su clima agradable y su calidad de vida. Son destinos populares para aquellos que buscan un estilo de vida relajado y actividades al aire libre, cercanos además, a los principales centros urbanos del sur y centro de Florida

Proceso de compra.

Para la adquisición de un terreno para construir en ciudades secundarias (y no menos importantes) como Cape Coral, Lehigh Acres y Punta Gorda en Florida es altamente recomendable seguir las siguientes recomendaciones:

1. Búsqueda y selección del terreno: Lo primero que debes hacer es buscar y seleccionar el terreno que se ajuste a tus necesidades y presupuesto. Puedes utilizar recursos en línea, consultar con agentes inmobiliarios locales o visitar oficinas de bienes raíces para obtener información sobre los terrenos disponibles en esas ciudades. A esto lo llamamos inteligencia de mercado inmobiliario y se trata de un paso inicial vital en el proceso.
2. Realización de investigaciones: Una vez que encuentres un terreno de interés, es importante realizar investigaciones para asegurarte de que cumpla con tus requisitos y expectativas. Esto puede incluir verificar los permisos de construcción, la zonificación, las restricciones y cualquier otro aspecto legal o técnico relevante.
3. Financiamiento para construcción: Aun cuando

podemos encontrar financiamiento para la compra del terreno, a los fines de posteriormente aspirar a financiamiento para construir, el nuevo propietario deberá contar con la propiedad del terreno, para explorar opciones de préstamos, por lo que recomendamos buscar la asesoría de un asesor financiero para obtener los fondos necesarios.

4. La oferta de compra, una vez que estés listo para comprar un terreno, deberás hacerlo al vendedor, y para lo cual es muy útil trabajar con un agente inmobiliario que te ayude en el proceso de negociación y redacción de la oferta que será seguida de la realización de la inspección, una vez que la oferta sea aceptada. Ello porque es recomendable realizar una inspección del terreno para verificar su estado y asegurarte de que no haya problemas ocultos que puedan afectar tu proyecto de construcción.

5. Visto que todo esté a punto con el terreno, después de hacer la inspección, viene lo que llaman cierre de la compra: Después de completar las investigaciones y la inspección satisfactoriamente, se procederá al cierre de la compra del terreno. Esto implica la firma de los documentos legales y el pago del precio de compra acordado.

6. Adquirido plenamente el terreno, viene la parte correspondiente a las actividades de planificación y permisos de construcción, que son las que corresponden una vez que hayas adquirido el terreno, comenzando con la planificación y luego obtención de los permisos correspondientes de construcción necesarios para llevar a cabo tu proyecto.

Recuerda que es importante trabajar con profesionales inmobiliarios y legales durante todo el proceso para asegurarte de que estás tomando decisiones informadas y cumpliendo con todos los requisitos legales y regulatorios, lo cual nos lleva al siguiente punto, donde vamos a ver lo relativo al desarrollo de un proyecto de construcción y obtención de los permisos ante la ciudad, que es el ente que autoriza la realización del proyecto.

QUÉ CONSTRUYO
Opciones de construcción

Ya tenemos la certeza de dónde queremos desarrollar, sin embargo, tenemos claro que aparte de estar muy enfocados, no podemos abarcar todas las ramas de la construcción, pues ello requeriría de grandes capitales para invertir, y ese es un tema donde dominan las grandes constructoras o desarrolladores inmobiliarios. De manera que vamos a conocer el conjunto de construcciones que están siendo llevadas a cabo en la zona que ya sabemos que es nuestra área de interés, para luego ser más específicos en nuestro enfoque.

En la costa oeste del sur de Florida, se pueden llevar a cabo diferentes tipos de construcciones, que van desde viviendas y edificios comerciales hasta infraestructuras turísticas y recreativas. Algunos ejemplos comunes de construcciones en esta zona incluyen:

1. Residencias: Se trata de viviendas unifamiliares, condominios y complejos de apartamentos para satisfacer las necesidades de vivienda de la población local y los turistas.
2. Hoteles y resorts: Debido a la popularidad de la costa oeste de Florida como destino turístico, se

construyen hoteles y resorts para alojar a los visitantes y brindarles comodidades y servicios.
3. Centros comerciales y tiendas: En áreas urbanas y turísticas, se construyen centros comerciales y tiendas para satisfacer las necesidades de compras de la comunidad local y los turistas.
4. Restaurantes y bares: La costa oeste de Florida ofrece una variedad de opciones gastronómicas, por lo que se construyen restaurantes y bares para atender a los residentes y visitantes.
5. Instalaciones recreativas: Se trata de instalaciones recreativas como parques, senderos para caminar y andar en bicicleta, canchas de tenis y campos de golf para que las personas disfruten de actividades al aire libre.
6. Infraestructura marítima: Dado que la costa oeste de Florida cuenta con amplias vías navegables, se construyen puertos, marinas y muelles para el transporte y el disfrute de la navegación.

Estos son solo algunos ejemplos de las construcciones que se pueden llevar a cabo en la costa oeste del sur de Florida. La variedad de proyectos depende de las necesidades y demandas de la comunidad local y los visitantes. Sin embargo, vamos a enfocarnos en nuestro target: ***el residencial***.

Si bien es cierto en la costa oeste de Florida, se pueden desarrollar diversos tipos de construcciones residenciales para satisfacer las necesidades de vivienda de la población local y los turistas. Algunos de los tipos de construcciones residenciales comunes incluyen:

1. Viviendas unifamiliares: Las casas unifamiliares son construcciones independientes que ofrecen privacidad y espacio para una familia. Estas viviendas pueden variar en tamaño, estilo arquitectónico y comodidades.
2. Condominios: Los condominios son edificios de apartamentos en los que se pueden comprar o alquilar unidades individuales. Los condominios ofrecen comodidades compartidas, como piscinas, gimnasios, áreas verdes y áreas sociales.
3. Apartamentos: Los apartamentos son unidades de vivienda individuales dentro de un edificio de varios pisos. Estas construcciones ofrecen opciones de

alquiler a corto y largo plazo.
4. Comunidades residenciales: En la costa oeste de Florida, también se pueden encontrar comunidades residenciales planificadas. Estas comunidades suelen ofrecer una variedad de viviendas, como casas unifamiliares, condominios y apartamentos, junto con comodidades adicionales, como campos de golf, clubes y parques.

Al referirnos a los tipos de construcciones residenciales de mayor demanda en la costa oeste de Florida, esto puede variar según las tendencias y necesidades de la comunidad en un momento dado. Sin embargo, los condominios y las casas unifamiliares suelen ser muy populares debido a su ubicación costera y las comodidades asociadas, como vistas al mar, acceso a playas y proximidad a actividades recreativas. Además, las comunidades residenciales planificadas también pueden tener una alta demanda debido a las comodidades y servicios adicionales que ofrecen.

Es importante tener en cuenta que la demanda

puede cambiar con el tiempo y depende de varios factores, como las preferencias de los compradores, el mercado inmobiliario y las condiciones económicas. Para enfocarnos aún más, veamos el caso de residencias unifamiliares o casas duplex.

Demanda de unifamiliares

La solicitud de viviendas unifamiliares en la costa oeste del sur de Florida es generalmente alta. Esta área es conocida por sus hermosas playas, clima cálido y estilo de vida relajado, lo que atrae a muchas personas que desean establecerse en una casa unifamiliar en esta región. Varias son las razones por las cuales las viviendas unifamiliares son muy demandadas en la costa oeste del sur de Florida, y entre las cuales podemos destacar:

1. Espacio y privacidad: Las viviendas unifamiliares ofrecen más espaciosas y ofrecen más privacidad en comparación con otros tipos de viviendas, como apartamentos o condominios. Esto es especialmente atractivo para familias que necesitan más habitaciones y espacios al aire libre.

2. Estilo de vida: Muchas personas buscan una casa unifamiliar en la costa oeste del sur de Florida para disfrutar de un estilo de vida relajado y al aire libre. Esta área ofrece una gran cantidad de actividades recreativas, como deportes acuáticos, golf y senderismo, lo que hace que vivir en una casa unifamiliar sea muy atractivo.
3. Inversión: La costa oeste del sur de Florida es un destino turístico popular, lo que significa que hay una demanda constante de alquileres vacacionales y segundas viviendas. Muchas personas ven la compra de una casa unifamiliar en esta área como una inversión sólida que les brinda la oportunidad de obtener ingresos adicionales.

Sin embargo, es importante tener en cuenta que la demanda puede variar dependiendo de factores como la ubicación específica, el estado del mercado inmobiliario y las condiciones económicas. Es recomendable consultar con agentes inmobiliarios locales y realizar una investigación exhaustiva antes de tomar una decisión de compra.

¿Por qué allí?

La planificación adecuada y el desarrollo sostenible son de suma importancia para el crecimiento en el sur de Florida. Estos enfoques respaldan que el crecimiento sea equilibrado, beneficioso y respetuoso con el medio ambiente. Aquí hay algunas razones clave por las que la planificación adecuada y el desarrollo sostenible son importantes:

1. Gestión de recursos naturales: El sur de Florida es conocido por su rica biodiversidad, ecosistemas costeros y recursos naturales, como los Everglades. La planificación adecuada y el desarrollo sostenible aseguran la protección y conservación de estos recursos valiosos. Al considerar estratégicamente el uso de la tierra y los recursos naturales, se puede minimizar el impacto negativo en los ecosistemas y garantizar su sostenibilidad a largo plazo.
2. Resiliencia frente a desastres naturales: El sur de Florida está expuesto a fenómenos naturales como huracanes e inundaciones, por lo que la

planificación adecuada, puede incluir medidas de mitigación de desastres, como la construcción de infraestructuras resistentes, el establecimiento de zonas de evacuación y la protección de las zonas costeras. Estas medidas ayudan a garantizar la seguridad de los residentes y la reducción de los daños causados por los desastres naturales.

3. Infraestructura eficiente: Un crecimiento desordenado puede llevar a una infraestructura inadecuada o sobrecargada. La planificación adecuada y el desarrollo sostenible permiten una planificación estratégica de la infraestructura, incluyendo carreteras, transporte público, servicios básicos como agua y electricidad, y sistemas de drenaje. Esto garantiza que la infraestructura pueda satisfacer las necesidades de la población en crecimiento y contribuye a una mayor calidad de vida.

4. Calidad de vida: La planificación adecuada y el desarrollo sostenible consideran aspectos como accesibilidad y asequibilidad, espacios verdes, áreas recreativas y accesibilidad a servicios básicos. Factores que contribuyen a una mejor calidad de vida para los residentes, promoviendo la equidad social y la inclusión.

5. Economía sostenible: El desarrollo sostenible

fomenta la diversificación económica, la creación de empleo y el impulso del turismo sostenible. Esto ayuda a fortalecer la economía local, reducir la dependencia de una sola industria y promover un desarrollo económico equitativo y sostenible a largo plazo.

En resumen, la planificación adecuada y el desarrollo sostenible son fundamentales para garantizar un crecimiento equilibrado, beneficioso y respetuoso con el medio ambiente en el sur de Florida. Estos enfoques permiten aprovechar los beneficios del crecimiento demográfico y económico, al tiempo que se protegen los recursos naturales, se mejora la calidad de vida de los residentes y se promueve la resiliencia frente a los desastres naturales.

CÓMO CONSTRUYO
Planimetría y permisos

El desarrollo de planos de arquitectura para solicitar permisos de construcción en las ciudades de la costa oeste del sur de Florida es un proceso básico para asegurar la viabilidad y legalidad de cualquier proyecto de construcción. Los planos de arquitectura son documentos detallados que describen la estructura, distribución y características de una construcción, y son requeridos por las autoridades locales para evaluar y otorgar los permisos necesarios.

El primer paso en el desarrollo de planos de arquitectura es la recolección de información y el análisis del sitio donde se llevará a cabo la construcción. Esto implica estudiar el terreno, las regulaciones y códigos de construcción locales, así como las limitaciones y requisitos específicos de cada ciudad. Es importante tener en cuenta factores como las restricciones de zonificación, la altura máxima permitida, los límites de construcción y las normas de diseño arquitectónico de cada localidad.

Una vez recopilada la información necesaria, se procede a la creación de los planos arquitectónicos. Estos planos incluyen dibujos detallados de cada nivel de la construcción, mostrando la distribución de las habitaciones, los sistemas estructurales, eléctricos y de plomería, así como los acabados y materiales utilizados. Además, se deben agregar detalles como las dimensiones de cada espacio, las alturas de los techos, las ubicaciones de las ventanas y puertas, y cualquier otra característica relevante.

Es importante tener en cuenta que los planos de arquitectura deben cumplir con los estándares y normas de construcción establecidos por las autoridades locales. Esto incluye la presentación de los planos en un formato específico, la inclusión de los sellos y firmas de arquitectos y otros profesionales involucrados, y la adhesión a los códigos de construcción vigentes.

Ya que los planos de arquitectura estén completos, se deben presentar a las autoridades locales correspondientes para solicitar los permisos de construcción. Esto generalmente implica la presentación de una solicitud, junto con los planos y otros documentos requeridos, y el pago de las tarifas correspondientes. Las autoridades revisarán los planos para asegurarse de que cumplan con todas las regulaciones y normas aplicables antes de otorgar los permisos necesarios.

En resumen, el desarrollo de planos de arquitectura para solicitar permisos de construcción en las ciudades de la costa oeste del sur de Florida es un proceso crucial para garantizar la legalidad y viabilidad de cualquier proyecto de construcción. Requiere la recolección de información, el análisis del sitio, la creación de planos detallados y la presentación de los mismos a las autoridades locales. Cumplir con los códigos y regulaciones locales es fundamental para obtener los permisos necesarios y llevar a cabo el proyecto de manera exitosa.

Factores a considerar

Al desarrollar los planos de arquitectura para construcciones en las ciudades de la costa oeste del sur de Florida, es importante tener en cuenta varios factores clave. Estos factores incluyen:

1. Regulaciones y códigos de construcción locales: Cada ciudad tiene sus propias regulaciones y códigos de construcción que deben cumplirse al diseñar y desarrollar los planos de arquitectura. Estas regulaciones pueden incluir restricciones de zonificación, límites de altura, requisitos de estacionamiento, normas de diseño arquitectónico y otros aspectos específicos de cada localidad.
2. Restricciones del sitio: El terreno y las características del sitio donde se llevará a cabo la construcción pueden afectar el diseño y desarrollo de los planos de arquitectura. Es importante considerar elementos como la topografía, la vegetación existente, las restricciones de inundación y cualquier otra limitación física que pueda influir en el diseño.

3. Características climáticas: La costa oeste del sur de Florida se caracteriza por su clima subtropical, con altas temperaturas y una temporada de huracanes. Los planos de arquitectura deben tener en cuenta estas condiciones climáticas al diseñar sistemas de ventilación, protección contra la lluvia, resistencia al viento y otras consideraciones relevantes.

4. Requisitos de energía y eficiencia: Las ciudades de la costa oeste del sur de Florida pueden tener requisitos específicos relacionados con la eficiencia energética y el uso de energías renovables en las construcciones. Es importante considerar estas regulaciones al diseñar sistemas de iluminación, climatización y estructuras que minimicen el consumo de energía y fomenten la sostenibilidad.

5. Estética y contexto urbano: Cada ciudad tiene su propio estilo y carácter arquitectónico. Es importante tener en cuenta la estética local y el contexto urbano al desarrollar los planos de arquitectura. Esto implica considerar la escala, el diseño de fachadas, los materiales utilizados y la integración con el entorno existente.

6. Accesibilidad: Los planos de arquitectura deben tener en cuenta las normas de accesibilidad para personas con discapacidad, como rampas,

ascensores y baños accesibles. Estos requisitos están regulados por la Ley de Estadounidenses con Discapacidades (ADA, por sus siglas en inglés) y deben ser considerados en el diseño de la construcción.

Estos son solo algunos de los elementos clave que se deben tener en cuenta al desarrollar los planos de arquitectura para construcciones en las ciudades de la costa oeste del sur de Florida. Es importante consultar con profesionales de la arquitectura y las autoridades locales para asegurarse de cumplir con todas las regulaciones y requisitos específicos de cada localidad.

Áreas a considerar

Para obtener el permiso de construcción en las ciudades de la costa oeste del sur de la Florida, generalmente se requiere presentar planos y documentación que incluya información sobre las áreas de planimetría. Estas áreas pueden variar ligeramente dependiendo de la ciudad específica, pero a continuación se mencionan algunas áreas comunes que suelen ser requeridas:

1. Área del terreno: Es la medida total del terreno en el que se llevará a cabo la construcción. Se debe proporcionar la dimensión en pies cuadrados (square feet).
2. Área de construcción: Es el espacio total que ocupará la estructura a construir. Esto incluye todas las áreas interiores y exteriores, como habitaciones, pasillos, patios, estacionamientos, etc.
3. Área de ocupación: Es el espacio que la construcción ocupará en el terreno. Se refiere a la superficie que quedará cubierta por la construcción, incluyendo cimientos, muros, techos, etc.

4. Área verde: Algunas ciudades requieren que se destine un porcentaje del terreno a áreas verdes. Esto implica dejar espacios libres de construcción para jardines, parques, zonas de recreación, etc.
5. Área de estacionamiento: Dependiendo del tipo de construcción, es posible que se exija un número mínimo de espacios de estacionamiento. Se debe calcular y proporcionar el área total destinada a este fin.

Es muy importante recordar que estos requisitos pueden variar en cada ciudad. Es importante consultar las regulaciones y normativas específicas de aquella en la cual se realizará la construcción para obtener información precisa sobre las áreas de planimetría requeridas.

Tipos de plano

Al gestionar un permiso de construcción en las ciudades de la costa oeste del sur de la Florida, generalmente se requiere incluir planos detallados de las instalaciones eléctricas, de agua potable (aguas blancas) y de sistema séptico (septic tank), así como cualquier otro tipo de instalaciones relevantes. Estos planos, que son necesarios para asegurar que la construcción cumpla con los códigos y regulaciones locales en cuanto a seguridad, eficiencia y protección del medio ambiente, son básicamente los que enumeramos a continuación:

1. Planos eléctricos: que deben mostrar la ubicación de los puntos de conexión eléctrica, como enchufes, interruptores y luces, así como el trazado de los conductos y cables eléctricos. También es importante incluir detalles sobre los paneles eléctricos, sistemas de protección contra sobrecargas y cualquier otro componente eléctrico necesario.

2. Planos de agua potable: que deben mostrar la ubicación de las tuberías principales de agua potable, así como las conexiones a los suministros de agua y las válvulas de cierre. También es importante incluir información sobre los medidores de agua y cualquier sistema de filtración o tratamiento de agua que se vaya a utilizar.
3. Planos de sistema séptico (septic tank): pues si la construcción requiere un sistema séptico para el tratamiento y eliminación de aguas residuales, es necesario incluir los planos correspondientes. Estos planos deben mostrar la ubicación de los tanques sépticos, las líneas de drenaje y cualquier otro componente del sistema séptico necesario.

Además de estos planos específicos, es posible que se requiera incluir planos de otras instalaciones, como sistemas de ventilación, sistemas de climatización, sistemas de protección contra incendios, sistemas de seguridad, entre otros, dependiendo del tipo de construcción y sus características específicas.

Recuerda que es importante consultar directamente con el departamento de permisos y construcción de la ciudad correspondiente para obtener información precisa y actualizada sobre los requisitos específicos de planos e instalaciones para la solicitud de permiso de construcción.

QUIÉN ME AUTORIZA
Permisos de construcción

En el sur de Florida, la autorización para la construcción de viviendas unifamiliares depende de las regulaciones y permisos municipales. En general, los gobiernos locales, como los condados y las ciudades, son los encargados de otorgar los permisos de construcción. Esto implica que cada municipio tiene sus propias normativas y procesos para autorizar la construcción de viviendas unifamiliares. Por lo tanto, es necesario ponerse en contacto con el departamento de planificación o construcción del municipio específico donde se desea construir la vivienda para obtener la información y los permisos necesarios.

Las entidades encargadas de asegurarse de que los proyectos de construcción cumplan con los códigos y regulaciones establecidos varían según el país y la jurisdicción local. Sin embargo, en general, estas son algunas de las entidades involucradas en la supervisión y cumplimiento de los códigos y regulaciones de construcción:

1. Departamentos de Construcción o Planificación: Estos departamentos son parte de los gobiernos

locales y son responsables de otorgar los permisos de construcción y supervisar el cumplimiento de los códigos y regulaciones de construcción. También llevan a cabo inspecciones durante el proceso de construcción.

2. Organismos Reguladores de Construcción: En algunos lugares, existen organismos específicos encargados de regular y supervisar la industria de la construcción. Estos organismos pueden establecer y hacer cumplir los estándares de construcción, así como otorgar licencias y certificaciones a los profesionales de la construcción.

3. Inspectores de Construcción: Los inspectores de construcción son profesionales que laboran en nombre de los gobiernos locales o de los organismos reguladores de construcción. Realizan inspecciones en el lugar de construcción para garantizar que se cumplan los códigos y regulaciones aplicables.

Es importante tener en cuenta que las entidades específicas pueden variar según la ubicación geográfica. Por lo tanto, es recomendable ponerse en contacto con el departamento de construcción o planificación local para obtener información precisa sobre quiénes son las entidades responsables en una determinada área.

Las principales funciones de los departamentos de Construcción o Planificación son:

1. Otorgar permisos de construcción: Los departamentos de Construcción o Planificación revisan y evalúan los planes de construcción presentados por los desarrolladores y propietarios. Si el proyecto cumple con los códigos y regulaciones aplicables, se otorga un permiso de construcción que autoriza el inicio de las obras.
2. Inspeccionar los sitios de construcción: Durante el proceso de construcción, los departamentos de Construcción o Planificación realizan inspecciones periódicas en los sitios de construcción. Estas inspecciones verifican que la construcción se lleve a cabo de acuerdo con los planos aprobados y los requisitos legales establecidos.
3. Hacer cumplir los códigos y regulaciones: Los departamentos de Construcción o Planificación son responsables de hacer cumplir los códigos y

regulaciones de construcción. Esto implica tomar medidas correctivas si se identifican infracciones o incumplimientos durante las inspecciones o mediante informes de denuncias.

4. Emitir certificados de finalización: Una vez que se completa la construcción y se verifica que cumple con los requisitos establecidos, los departamentos de Construcción o Planificación emiten certificados de finalización o de ocupación. Estos certificados certifican que el proyecto de construcción se ha realizado de acuerdo con los códigos y regulaciones aplicables, y que es seguro para su uso y ocupación.

En resumen, los departamentos de Construcción o Planificación desempeñan un papel fundamental en garantizar que los proyectos de construcción cumplan con los estándares de seguridad y calidad establecidos, protegiendo así la integridad de las estructuras y la seguridad de las personas que las utilizan.

¿Por qué es importante?

La inspección de la ciudad o del condado es importante cuando construyes en el sur de Florida por varias razones:

1. Cumplimiento de los códigos de construcción: Las inspecciones garantizan que tu construcción cumpla con los códigos de construcción locales y nacionales. Esto es esencial para asegurar la seguridad de la estructura y prevenir posibles riesgos o fallas en el futuro.
2. Protección contra desastres naturales: El sur de Florida es propenso a la ocurrencia de desastres naturales como huracanes y tormentas tropicales, por lo que las inspecciones aseguran que tu construcción cumpla con las normas de resistencia y protección contra estos eventos, lo cual incide significativamente en la reducción de los daños en caso de un desastre.
3. Cumplimiento de normas ambientales: El sur de Florida es hogar de una rica biodiversidad y ecosistemas frágiles. Las inspecciones aseguran que tu construcción cumpla con las normas ambientales y no cause impactos negativos en el

medio ambiente, como la contaminación del agua o la destrucción de hábitats naturales.

4. Protección de la inversión: Las inspecciones garantizan que la construcción se realice correctamente y cumpla con los estándares de calidad. Esto ayuda a proteger tu inversión a largo plazo, ya que una construcción deficiente podría requerir reparaciones costosas en el futuro.

En resumen, las inspecciones de la ciudad o del condado son importantes al construir en el sur de Florida para garantizar la seguridad, el cumplimiento de normas y la protección del medio ambiente, así como para proteger tu inversión a largo plazo, por lo que el incumplimiento de las regulaciones de la ciudad a la hora de construir, puedes enfrentar una serie de consecuencias legales y prácticas. Algunas de ellas son:

1. Multas y sanciones: Las autoridades municipales pueden imponer multas y sanciones por violar las regulaciones de construcción. Estas multas pueden ser significativas y aumentar a medida que se prolongue la infracción. Además, es posible que debas corregir cualquier incumplimiento y pagar por

los costos asociados.
2. Detención de la construcción: Si se descubre que estás construyendo sin cumplir con las regulaciones, es posible que se te ordene detener la construcción hasta que se resuelvan los problemas. Esto puede causar retrasos y costos adicionales en tu proyecto.
3. Suspensión y retiro de permisos: Si se determina que has construido sin cumplir con las regulaciones, las autoridades municipales pueden revocar los permisos de construcción otorgados previamente. Esto significa que no podrás continuar con la construcción hasta que resuelvas los problemas y obtengas nuevos permisos, lo que puede llevar tiempo y dinero adicional.
4. Demolición o modificación de la estructura: En casos extremos, si has construido sin cumplir con las regulaciones y se considera que la estructura representa un peligro o viola gravemente las normas, es posible que se te exija demoler o modificar la construcción para cumplir con los estándares requeridos. Esto puede resultar en una pérdida significativa de tiempo, esfuerzo y dinero invertido en la construcción.
5. Impacto en la reputación y relaciones comerciales:

No cumplir con las regulaciones de la ciudad puede afectar negativamente tu reputación como constructor o desarrollador. Además, puede dificultar la obtención de futuros permisos de construcción y tener un impacto en tus relaciones comerciales con otros profesionales y proveedores de la industria.

En conclusión, no cumplir con las regulaciones de la ciudad a la hora de construir puede llevar a multas, detención de la construcción, suspensión y retiro de permisos, demolición o modificación de la estructura, y afectar tu reputación y relaciones comerciales. Es vital cumplir con las regulaciones para evitar estas consecuencias y garantizar un proceso de construcción legal y seguro.

QUIÉN ME FINANCIA
De dónde sale el recurso

Existen varios entes que pueden proporcionar capital a constructores y desarrolladores inmobiliarios para la construcción de viviendas en Florida. Algunas de estos entes incluyen:

1. Bancos comerciales: Los bancos comerciales son una fuente común de financiamiento para la construcción de viviendas en Florida. Estas instituciones financieras ofrecen préstamos a constructores y desarrolladores inmobiliarios, que pueden utilizarse para adquirir terrenos, financiar los costos de construcción y cubrir otros gastos relacionados con el proyecto.
2. Empresas de capital privado: Las empresas de capital privado son otra opción para obtener capital para la construcción de viviendas en Florida. Estas empresas invierten capital en proyectos inmobiliarios a cambio de participación en los beneficios o rendimientos financieros. Por lo general, las empresas de capital privado se enfocan en proyectos de mayor envergadura y buscan obtener un retorno significativo de su inversión.
3. Fondos de inversión inmobiliaria: Los fondos de inversión inmobiliaria son vehículos de inversión que recaudan capital de varios inversionistas y lo utilizan

para financiar proyectos inmobiliarios, incluyendo la construcción de viviendas. Estos fondos pueden estar especializados en un tipo específico de proyecto o pueden ser más generalistas. Los constructores y desarrolladores inmobiliarios pueden buscar financiamiento de estos fondos para llevar a cabo sus proyectos.

4. Sociedades limitadas de inversión: Las sociedades limitadas de inversión son estructuras legales en las que un grupo de inversionistas se une para financiar un proyecto inmobiliario específico. Los constructores y desarrolladores inmobiliarios pueden formar una sociedad limitada de inversión para obtener capital de los inversionistas y llevar a cabo la construcción de viviendas en Florida.

Es importante tener en cuenta que cada entidad puede tener sus propios requisitos y condiciones para proporcionar capital. Los constructores y desarrolladores inmobiliarios deben evaluar las opciones disponibles y considerar los términos y condiciones antes de tomar una decisión sobre qué entidad financiera utilizar para la construcción de viviendas en Florida.

Los bancos comerciales ofrecen diferentes tipos de financiamiento para la construcción de viviendas en Florida. Algunas de las opciones comunes son:

1. Préstamos para adquisición de terrenos: Los bancos comerciales pueden proporcionar préstamos a constructores y desarrolladores inmobiliarios para adquirir terrenos en los cuales se construirán viviendas. Estos préstamos pueden cubrir el costo total o parcial del terreno, y generalmente tienen plazos de pago a corto o mediano plazo.
2. Préstamos para construcción: Estos préstamos son específicamente diseñados para financiar los costos de construcción de viviendas. Los bancos comerciales pueden otorgar préstamos que cubren los gastos relacionados con la mano de obra, los materiales de construcción, los permisos y licencias, entre otros. Estos préstamos suelen tener una estructura de pagos en etapas, en la que los fondos se desembolsan a medida que avanza la construcción.
3. Préstamos de construcción-permanente: También conocidos como préstamos "construction-to-permanent", estos préstamos combinan la financiación de la construcción y la hipoteca

permanente en un solo producto. Los bancos comerciales pueden ofrecer estos préstamos para cubrir tanto los costos de construcción como la financiación a largo plazo una vez que las viviendas estén terminadas. Esto puede ser conveniente para los constructores y desarrolladores inmobiliarios, ya que evita la necesidad de obtener financiamiento adicional una vez finalizada la construcción.

Es importante tener en cuenta que los términos y condiciones de los préstamos para la construcción de viviendas pueden variar entre los bancos comerciales. Los constructores y desarrolladores inmobiliarios deben evaluar cuidadosamente las opciones disponibles y considerar factores como las tasas de interés, los plazos de pago y los requisitos de garantía antes de tomar una decisión sobre qué financiamiento utilizar.

Los préstamos para la construcción de viviendas pueden cubrir una variedad de costos asociados con el proceso de construcción. Algunos de los costos comunes que pueden ser cubiertos por estos préstamos incluyen:

1. Costos de mano de obra: Los préstamos para construcción de viviendas pueden ayudar a cubrir los costos de contratar a contratistas, subcontratistas y trabajadores para llevar a cabo la construcción de la vivienda. Esto puede incluir los salarios y beneficios de los trabajadores, así como los honorarios de los profesionales involucrados en el proyecto.
2. Costos de materiales: Los préstamos pueden cubrir los costos de los materiales de construcción necesarios para la construcción de la vivienda, como cemento, ladrillos, madera, tuberías, cables eléctricos, pintura, entre otros. Estos costos pueden variar según el tipo y tamaño de la vivienda que se está construyendo.
3. Costos de permisos y licencias: Obtener los permisos y licencias necesarios para la construcción de viviendas puede implicar gastos adicionales. Los préstamos para construcción pueden ayudar a cubrir estos costos, que pueden incluir tarifas municipales, inspecciones y otros trámites administrativos.
4. Costos de diseño y arquitectura: Si se requiere contratar a profesionales de diseño y arquitectura para desarrollar los planos y diseños de la vivienda,

estos costos también pueden ser cubiertos por los préstamos para construcción. Esto incluye los honorarios de los arquitectos, diseñadores de interiores y otros expertos en diseño.

5. Costos de servicios públicos e infraestructura: Dependiendo de la ubicación de la vivienda, puede haber costos asociados con la conexión a servicios públicos como agua, electricidad, gas y alcantarillado. Los préstamos para construcción pueden ayudar a cubrir estos gastos, así como los costos de construcción de infraestructura necesarios, como calles, aceras y sistemas de drenaje.

Es importante tener en cuenta que los costos que pueden ser cubiertos por los préstamos para construcción pueden variar dependiendo de los términos y condiciones del préstamo, así como de los requisitos específicos de cada proyecto de construcción. Es recomendable revisar detalladamente los términos del préstamo y discutir los costos específicos con el prestamista antes de tomar una decisión.

Al revisar los términos del préstamo para la construcción de viviendas, es importante considerar los siguientes aspectos:

1. Tasa de interés: La tasa de interés es uno de los aspectos más importantes a tener en cuenta. Determine si la tasa de interés es fija o variable, y compárela con las tasas de interés de otros lenders o prestadores. Una tasa de interés más baja puede ayudar a reducir los costos totales del préstamo.
2. Plazo del préstamo: El plazo del préstamo se refiere al período de tiempo en el que se espera que se pague el préstamo. Considere si el plazo del préstamo es adecuado para sus necesidades financieras y capacidad de pago. Tener un plazo más largo puede significar pagos mensuales más bajos, pero también puede resultar en un mayor costo total del préstamo debido al pago de intereses durante un período más largo.
3. Requisitos de pago inicial: Determine cuál es el porcentaje de pago inicial requerido por el lender. El pago inicial es la cantidad de dinero que debe pagar por adelantado antes de que se le otorgue el préstamo. Asegúrese de que pueda cumplir con estos requisitos y tenga en cuenta cómo afectará

esto a su presupuesto general para la construcción de la vivienda.

4. Costos adicionales: Además de la tasa de interés y el pago inicial, considere si hay otros costos asociados con el préstamo. Estos pueden incluir cargos por originación, costos de cierre, seguros y tasaciones. Asegúrese de entender completamente todos los costos adicionales y cómo afectarán el monto total del préstamo.

5. Flexibilidad del préstamo: Evalúe la flexibilidad del préstamo en términos de opciones de pago, posibilidad de realizar pagos adicionales o anticipados sin penalización y opciones de refinanciamiento. Tener la flexibilidad de adaptar el préstamo a sus necesidades cambiantes puede ser beneficioso a largo plazo.

6. Requisitos de documentación y aprobación: Averigüe qué tipo de documentación se requiere para solicitar y obtener la aprobación del préstamo. Comprenda los requisitos de ingresos, historial crediticio y cualquier otro documento financiero que pueda ser necesario. Esto le ayudará a estar preparado y evitar retrasos en el proceso de solicitud.

Recuerde que revisar los términos del préstamo para la construcción de viviendas es crucial para garantizar que se ajusten a sus necesidades y capacidad financiera. Siempre es recomendable comparar las ofertas de diferentes lenders y consultar con un asesor financiero antes de tomar una decisión final.

Al considerar los pre nombrados aspectos del préstamo, es oportuno al solicitar un préstamo para la construcción de viviendas, tener en cuenta los siguientes costos adicionales:

1. Cargos por originación: Estos son los costos asociados con el procesamiento y la aprobación del préstamo. Pueden incluir el análisis de crédito, la evaluación de la propiedad, la preparación de documentos y otros gastos administrativos. Asegúrese de comprender los cargos por originación y cómo se calcularán.
2. Costos de cierre: Los costos de cierre son los gastos incurridos al finalizar el préstamo y transferir la propiedad a su nombre. Pueden incluir honorarios legales, impuestos, seguros de título, tasaciones y otros costos relacionados con la transacción. Estos

costos pueden variar y es importante obtener una estimación detallada de los costos de cierre antes de comprometerse con el préstamo.

3. Seguros: Es posible que se le requiera obtener ciertos tipos de seguros para proteger la propiedad y el préstamo. Esto puede incluir un seguro de propietario, seguro de construcción o seguro de hipoteca. Asegúrese de entender cuáles son los requisitos de seguro y cómo afectarán los costos mensuales del préstamo.

4. Costos de construcción: Si está construyendo una vivienda, es importante tener en cuenta los costos de construcción adicionales. Esto puede incluir los costos de materiales, mano de obra, permisos de construcción, planos arquitectónicos y otros gastos relacionados con la construcción. Estos costos pueden variar según el tamaño y la complejidad de la construcción.

5. Costos de mantenimiento: A medida que construye y luego vive en la vivienda, es importante tener en cuenta los costos de mantenimiento continuo. Esto puede incluir reparaciones, mantenimiento regular, costos de servicios públicos, impuestos a la propiedad y otros gastos relacionados con el mantenimiento de la vivienda.

Recuerde que estos son solo algunos de los costos adicionales comunes asociados con la solicitud de un préstamo para la construcción de viviendas, por lo que es importante obtener una estimación detallada de todos los costos antes de comprometerse con el préstamo y considerarlos en su presupuesto general para la construcción de la vivienda.

Al solicitar un préstamo para la construcción de viviendas, es posible que se también sean requeridos los siguientes tipos de seguros:

1. Seguro de propietario: Este seguro protege la propiedad contra daños y pérdidas causados por incendios, robos, vandalismo, desastres naturales y otros eventos cubiertos. El seguro de propietario es generalmente requerido por los lenders para proteger su inversión en caso de que ocurra algún daño a la propiedad.
2. Seguro de construcción: Si está construyendo una vivienda nueva, es posible que se le requiera obtener un seguro de construcción. Este tipo de seguro cubre los riesgos asociados con la construcción, como daños a la propiedad en

construcción, robo de materiales y responsabilidad civil durante el proceso de construcción.
3. Seguro de hipoteca: Algunos lenders pueden requerir que obtenga un seguro de hipoteca, también conocido como seguro de vida de préstamo hipotecario. Este tipo de seguro protege al lender en caso de que fallezca antes de pagar por completo el préstamo. El seguro de hipoteca generalmente se requiere si el préstamo supera cierto porcentaje del valor de la propiedad.

Es también importante tener en cuenta que los requisitos de seguro pueden variar según el lender y las regulaciones locales. Es recomendable hablar con su lender o prestador para obtener información precisa sobre los tipos de seguros requeridos y los niveles de cobertura necesarios para el préstamo de construcción de viviendas.

QUIÉN COSTRUYE
General contractors

En Florida, hay una variedad de empresas y contratistas que se dedican a la construcción de viviendas. Algunos de los principales actores en la industria de la construcción de viviendas en la Florida incluyen:

1. Constructores de viviendas residenciales: Estas son empresas especializadas en la construcción de viviendas nuevas. Pueden ser grandes empresas nacionales o locales que construyen comunidades enteras de viviendas o constructores personalizados que trabajan en proyectos más pequeños y personalizados.

2. Desarrolladores de bienes raíces: Los desarrolladores de bienes raíces son responsables de adquirir y desarrollar terrenos para la construcción de viviendas. Estos desarrolladores a menudo trabajan en colaboración con constructores de viviendas para llevar a cabo proyectos de construcción de viviendas en comunidades planificadas o urbanizaciones.

3. Empresas de construcción residencial: Estas son empresas de construcción generales que se especializan en la construcción de viviendas. Pueden trabajar en proyectos residenciales individuales o en proyectos más grandes, como

complejos de apartamentos o condominios.
4. Contratistas generales: o *general contractors* son los responsables de coordinar y supervisar todos los aspectos de la construcción, incluida la construcción de viviendas. Pueden ser contratados directamente por los propietarios de viviendas o por empresas de construcción para llevar a cabo sus proyectos de desarrollos inmobiliarios.

Es importante investigar y seleccionar cuidadosamente a los constructores o contratistas antes de embarcarse en un proyecto de construcción de viviendas en Florida. Se recomienda verificar las credenciales, revisar los proyectos anteriores y solicitar referencias antes de tomar una decisión final.

Tipos de construcción

Las empresas de construcción residencial en la Florida pueden llevar a cabo una variedad de proyectos relacionados con la construcción de viviendas. Algunos de los tipos de proyectos que estas empresas pueden realizar, incluyen:
1. Construcción de viviendas unifamiliares: Las

empresas de construcción residencial pueden construir viviendas unifamiliares, que son casas individuales diseñadas para albergar a una sola familia. Estas viviendas pueden variar en tamaño, estilo y características, desde casas pequeñas hasta mansiones de lujo.

2. Construcción de viviendas multifamiliares: Las empresas de construcción residencial también pueden construir viviendas multifamiliares, como complejos de apartamentos o condominios. Estos proyectos implican la construcción de varias unidades de vivienda en una sola estructura o en un complejo de edificios.

3. Construcción de comunidades residenciales: Las empresas de construcción residencial pueden desarrollar y construir comunidades residenciales completas. Estas comunidades pueden incluir una variedad de viviendas unifamiliares y multifamiliares, así como instalaciones y servicios comunitarios como parques, áreas recreativas, piscinas y clubes.

4. Remodelación y renovación de viviendas existentes: Además de la construcción de viviendas nuevas, las empresas de construcción residencial también pueden realizar proyectos de remodelación y

renovación de viviendas existentes. Esto puede incluir la actualización de interiores, la renovación de cocinas y baños, la ampliación de espacios habitables y la mejora de la eficiencia energética.

Es importante tener en cuenta que cada empresa de construcción residencial puede tener sus propias especialidades y áreas de enfoque. Al seleccionar una empresa para su proyecto, es recomendable verificar su experiencia y sus proyectos anteriores para asegurarse de que se ajusten a sus necesidades específicas.

¿Vivienda unifamiliar solamente?

Las empresas de construcción residencial en la Florida pueden construir viviendas unifamiliares con una variedad de características y opciones personalizadas. Algunas de las características comunes de las viviendas unifamiliares que estas empresas pueden construir incluyen:

1. Tamaño y diseño: Las viviendas unifamiliares pueden variar en tamaño y diseño, desde casas

pequeñas y acogedoras, hasta casas más grandes y espaciosas. Las empresas de construcción residencial pueden adaptarse a diferentes necesidades y preferencias, ofreciendo una variedad de diseños arquitectónicos y estilos, como tipo hacienda, casas de dos pisos, casas contemporáneas, entre otros.

2. Número de habitaciones y baños: Las viviendas unifamiliares pueden tener diferentes configuraciones de habitaciones y baños para adaptarse a las necesidades de cada familia. Pueden incluir una o varias habitaciones principales, habitaciones para niños, oficinas en casa, salas de juegos, entre otros espacios. Del mismo modo, pueden tener uno o varios baños completos y medios baños.

3. Espacios de vida: Las viviendas unifamiliares pueden ofrecer una variedad de espacios de vida, como salas de estar, comedores, cocinas abiertas, áreas de entretenimiento y salas familiares. Estos espacios están diseñados para proporcionar comodidad, funcionalidad y áreas de reunión para la familia y sus invitados.

4. Características exteriores: Las viviendas unifamiliares pueden tener características exteriores

personalizadas, como fachadas distintivas, porches, patios traseros, jardines y garajes. Estos elementos exteriores pueden agregar estilo y funcionalidad a la vivienda, así como proporcionar áreas al aire libre para actividades y entretenimiento.

5. Eficiencia energética: Muchas empresas de construcción residencial se enfocan en construir viviendas unifamiliares con características de eficiencia energética. Esto puede incluir la instalación de ventanas de alta eficiencia, sistemas de calefacción y refrigeración eficientes, aislamiento adecuado y opciones de energía renovable, como paneles solares.

Es importante destacar que las características específicas de las viviendas unifamiliares pueden variar según las preferencias del propietario y las regulaciones locales. Al trabajar con una empresa de construcción residencial, es recomendable discutir y personalizar las características de la vivienda para satisfacer sus necesidades y deseos individuales.

¿Puedo hacerlo yo mismo?

Sí, es posible fabricar tu propia casa en el sur de Florida sin necesidad de contratar una constructora. Sin embargo, debes tener en cuenta que construir una casa es un proyecto complejo y requiere conocimientos técnicos, experiencia en construcción y una considerable cantidad de tiempo y esfuerzo.

Aquí hay algunos puntos a considerar si deseas construir tu propia casa:

1. Conocimientos y habilidades: Debes tener conocimientos básicos de construcción y habilidades prácticas para llevar a cabo tareas como cimentación, estructuras, plomería, electricidad, carpintería, etc. Si no tienes experiencia en construcción, puede ser útil buscar capacitación o asesoramiento de profesionales del sector.
2. Permisos y regulaciones: Antes de comenzar cualquier proyecto de construcción, debes familiarizarte con los permisos y regulaciones locales. Asegúrate de obtener los permisos necesarios y cumplir con los códigos de

construcción vigentes para garantizar que tu casa cumpla con los estándares de seguridad y calidad.
3. Planificación y diseño: Debes tener un plan y un diseño para tu casa antes de comenzar la construcción. Esto incluye la elaboración de planos arquitectónicos, la selección de materiales de construcción y la creación de un presupuesto detallado. Puedes trabajar con un arquitecto o diseñador de viviendas para ayudarte en esta etapa.
4. Coordinación y gestión: Como constructor de tu propia casa, serás responsable de coordinar y gestionar diferentes aspectos del proyecto. Esto implica emplear a un subcontratista, la adquisición de materiales, el seguimiento del progreso de la construcción y la resolución de cualquier problema que surja en el camino.
5. Tiempo y esfuerzo: Construir una casa requiere una inversión significativa de tiempo y esfuerzo. Debes estar preparado para dedicar una cantidad considerable de tiempo a supervisar la construcción, realizar tareas físicas y resolver problemas a lo largo del proceso.

Si estás dispuesto a asumir estos desafíos y te sientes cómodo con los aspectos técnicos y de gestión de la construcción, puedes considerar construir tu propia casa en el sur de la Florida. Sin embargo, ten en cuenta que contratar una constructora puede simplificar el proceso y garantizar un resultado profesional y de alta calidad.

¿Por qué mejor la construcción asistida?

La coordinación y gestión del proyecto al construir tu propia casa en el sur de Florida conlleva varias implicaciones importantes. Aquí tienes algunas de ellas:

1. Contratación de subcontratistas: Como constructor de tu propia casa, serás responsable de contratar y coordinar a diferentes subcontratistas especializados, como electricistas, plomeros, carpinteros, albañiles, entre otros. Deberás asegurarte de encontrar profesionales calificados y confiables, negociar los precios y plazos de trabajo, y garantizar que cumplan con los estándares de calidad y seguridad requeridos.
2. Adquisición de materiales: Tendrás que gestionar la

adquisición de todos los materiales necesarios para la construcción de tu casa. Esto implica investigar proveedores, comparar precios y calidad de los materiales, y coordinar la entrega de los mismos en el momento adecuado para evitar retrasos en la obra.

3. Supervisión de la construcción: Deberás estar presente en el sitio de construcción de forma regular para supervisar el progreso de la obra y asegurarte de que se estén siguiendo los planos y especificaciones. Esto implica estar pendiente de la calidad de los trabajos realizados, resolver cualquier problema que surja durante la construcción y tomar decisiones sobre posibles modificaciones o cambios en el proyecto.

4. Gestión del presupuesto: Como constructor de tu propia casa, tendrás que llevar un estricto control del presupuesto. Esto incluye realizar un seguimiento de los costos de materiales y mano de obra, evitar gastos innecesarios, y ajustar el presupuesto en caso de imprevistos o cambios en el proyecto.

5. Cumplimiento de regulaciones y permisos: Deberás asegurarte de que la construcción de tu casa cumpla con todas las regulaciones locales y obtenga los permisos necesarios. Esto implica familiarizarte con

los códigos de construcción vigentes en el sur de la Florida, presentar la documentación requerida, y coordinar las inspecciones necesarias durante el proceso de construcción.
6. Resolución de problemas: Durante la construcción de una casa, es probable que surjan problemas imprevistos o desafíos inesperados. Como constructor de tu propia casa, deberás tener la capacidad de resolver estos problemas de manera eficiente y efectiva, ya sea por ti mismo o buscando asesoramiento de profesionales cuando sea necesario.

La coordinación y gestión del proyecto al construir tu propia casa requiere tiempo, habilidades de organización y una buena capacidad de comunicación. Si no te sientes cómodo asumiendo estas responsabilidades, considera la opción de contratar una constructora (general contractor) que se encargue de la coordinación y gestión del proyecto por ti.

Una de las responsabilidades principales al construir tu propia casa en el sur de Florida es la contratación y coordinación de subcontratistas especializados. Como constructor de tu propia casa, serás responsable de encontrar, contratar y coordinar a profesionales en áreas como electricidad, plomería, carpintería, albañilería, entre otros. Deberás asegurarte de que los subcontratistas seleccionados sean calificados y confiables, negociar los precios y plazos de trabajo, y garantizar que cumplan con los estándares de calidad y seguridad requeridos. Esta responsabilidad implica una buena capacidad de gestión y comunicación para llevar a cabo un proceso de construcción exitoso.

Las fases

Las fases comunes en la construcción de una casa son las siguientes:

1. Diseño y planificación: En esta etapa se define el diseño de la casa y se elaboran los planos y especificaciones. Se determinan los materiales a utilizar, se realiza un presupuesto y se obtienen los permisos necesarios.

2. Preparación del terreno: En esta fase se llevan a cabo las labores necesarias para preparar el terreno donde se construirá la casa, como la limpieza, la nivelación y la excavación.
3. Cimentación: En esta fase se construye la base sobre la cual se apoyará la estructura de la casa. Esto puede incluir la construcción de una losa de hormigón, pilotes o zapatas.
4. Estructura: En esta fase se levantan las paredes, se instalan las vigas, columnas y techos, y se construyen los sistemas de soporte de la casa.
5. Instalaciones: En esta fase se realizan las instalaciones eléctricas, de fontanería, de calefacción y refrigeración, así como la conexión a los servicios públicos como el agua y el gas.
6. Envolvente exterior: Fase en la cual se colocan los revestimientos exteriores, como el aislamiento térmico, las ventanas y las puertas, para cerrar la envolvente de la casa.
7. Acabados interiores: Fase en la cual se llevan a cabo los acabados interiores, como la instalación de suelos, pintura, revestimientos de paredes, carpintería y sistemas de iluminación.
8. Instalaciones finales: En esta fase se lleva a cabo la instalación de los elementos finales de la casa,

como sanitarios, griferías, accesorios de baño, electrodomésticos y sistemas de seguridad.

9. Inspecciones y pruebas: En la cual se realizan inspecciones para verificar que la construcción cumple con los estándares de calidad y seguridad. También se realizan pruebas en las instalaciones para asegurar su correcto funcionamiento.

10. Limpieza y entrega: Que es cuando se lleva a cabo la limpieza final de la casa y se entregan las llaves al propietario.

Estas fases pueden variar en orden y duración dependiendo de la ubicación geográfica, los requisitos legales y las características específicas de la construcción. Es importante contar con profesionales especializados en cada fase para garantizar un proceso de construcción exitoso.

¿Y en el interior?

En la fase de acabados interiores de la construcción de una casa, se instalan diversos elementos para darle el toque final y crear un ambiente habitable y estético. Algunos de los elementos comunes que se instalan en esta fase son:

1. Pisos: Se instala el revestimiento del piso, que puede ser de diferentes materiales como madera, cerámica, laminado, baldosas, alfombras, etc.
2. Paredes: Se aplican los acabados de las paredes, como pintura, papel tapiz, paneles decorativos, paneles de madera, azulejos, entre otros.
3. Techos: Se instalan los acabados interiores del techo, como pintura, yeso, paneles de madera, placas de yeso laminado, molduras decorativas, entre otros.
4. Carpintería: Se instalan las puertas interiores, tanto las puertas de paso como las puertas de armarios empotrados. También se instalan los marcos de las puertas y los zócalos.
5. Ventanas: Se colocan las ventanas, que pueden ser de diferentes tipos y materiales, como ventanas de

aluminio, PVC o madera, con vidrio sencillo o doble, con persianas, etc.

6. Iluminación: Se instalan los sistemas de iluminación, como lámparas de techo, apliques de pared, lámparas de pie, iluminación empotrada, etc. También se colocan los interruptores y enchufes eléctricos.
7. Revestimientos: Se aplican revestimientos decorativos en las paredes, como paneles de madera, piedra, ladrillos, azulejos, etc.
8. Mobiliario: Se instalan los muebles y elementos de mobiliario, como armarios empotrados, estanterías, muebles de cocina, baños y otros espacios.
9. Accesorios: Se colocan los accesorios finales, como griferías, pomos de puertas, toalleros, espejos, estantes, barras de cortinas, etc.
10. Aislamiento acústico y térmico: Se instalan materiales de aislamiento acústico y térmico en las paredes, suelos y techos para mejorar el confort y la eficiencia energética de la vivienda.

Estos son solo algunos ejemplos de los elementos que se instalan en la fase de acabados interiores. La elección de los materiales y acabados dependerá del estilo y las preferencias del propietario.

¿Listos para la entrega?

Una casa se considera lista para la entrega cuando se han completado todas las etapas de construcción y se han realizado todas las pruebas y revisiones necesarias. Aquí hay algunos elementos clave que se deben tener en cuenta para determinar si una casa está lista para la entrega:

1. Finalización de la construcción: Todas las etapas de construcción, desde los cimientos hasta los acabados interiores y exteriores, deben estar completas. Se deben haber instalado todos los sistemas y servicios necesarios, como el sistema eléctrico, de plomería, calefacción, ventilación y aire acondicionado.
2. Inspecciones y permisos: Se deben haber realizado todas las inspecciones requeridas por los organismos de construcción locales y haber obtenido los permisos necesarios. Esto asegura que

la construcción cumpla con los estándares y regulaciones de seguridad y calidad.

3. Pruebas y revisiones: Todos los sistemas de la casa deben haber sido probados y revisados para asegurarse de que funcionen correctamente. Esto incluye comprobar que las instalaciones eléctricas y de plomería estén en buen estado, que los aparatos y equipos funcionen correctamente y que no haya fugas ni problemas estructurales.

4. Limpieza y acabados: La casa debe estar completamente limpia y libre de escombros. Los acabados interiores y exteriores, como la pintura, los suelos, las paredes y los techos, deben estar en perfecto estado y listos para su uso.

5. Documentación y trámites finales: Se deben haber preparado y revisado todos los documentos legales y financieros relacionados con la venta de la casa. Esto incluye la escritura de propiedad, los registros de impuestos y cualquier otro trámite administrativo relacionado.

Una vez que se hayan cumplido todos estos criterios, se puede considerar que la casa está lista para la entrega. Es importante asegurarse de que todos los aspectos de la construcción estén completos y en buen estado antes de entregar la casa a los propietarios. Esto garantiza que los futuros ocupantes puedan disfrutar de un hogar seguro, funcional y listo para habitar.

QUIÉN VENDE
Real Estate

La venta de un bien inmueble no comienza cuando este está listo en su estructura, en sus acabados exteriores e interiores, en su equipamiento. Es posible que este proceso comience incluso cuando apenas están aprobados los permisos de construcción.

Después de que una propiedad inmobiliaria es construida, generalmente es vendida por el propietario del terreno o por el promotor inmobiliario que se encargó de su desarrollo. Aquí hay una descripción de cada uno:

1. Propietario del terreno: Si la propiedad fue construida en un terreno que ya era propiedad de alguien, el propietario del terreno tiene la opción de vender la propiedad una vez que esté construida. En este caso, el propietario puede decidir venderla directamente o contratar a una agencia inmobiliaria para que se encargue de la venta.
2. Promotor inmobiliario: En muchos casos, y sobre todo en el desarrollo de proyectos inmobiliarios más grandes, un promotor inmobiliario adquiere el terreno, financia y coordina la construcción de las

propiedades en ese terreno. Una vez que las propiedades están construidas, el promotor inmobiliario se encarga de su venta. El promotor inmobiliario puede tener su propio equipo de ventas o puede contratar a una agencia inmobiliaria para que se encargue de las tareas de comercialización y venta de las propiedades.

Además de estos dos actores principales, también existen otros intermediarios involucrados en la venta de propiedades inmobiliarias, como agentes o corredores inmobiliarios. Estos profesionales pueden ser contratados por el propietario del terreno o por el promotor inmobiliario para ayudar en el proceso de venta, encontrar compradores potenciales y negociar las transacciones.

En resumen, tanto el propietario del terreno como el promotor inmobiliario son los principales responsables de vender una propiedad inmobiliaria una vez que está construida. Sin embargo, también pueden involucrarse otros intermediarios en el proceso de venta.

¿Por qué un promotor inmobiliario?

El promotor inmobiliario tiene varias responsabilidades en el proceso de venta de propiedades construidas en un terreno adquirido por ellos. Estas responsabilidades pueden incluir:

1. Marketing y publicidad: El promotor inmobiliario es responsable de crear estrategias de marketing y publicidad efectivas para promover las propiedades a la venta. Esto puede incluir la creación de materiales promocionales, la realización de campañas publicitarias, la participación en ferias y eventos inmobiliarios, y la publicación de anuncios en medios impresos y digitales.
2. Gestión de ventas: El promotor inmobiliario se encarga de tramitar el proceso de venta de las propiedades, lo cual implica recibir y responder consultas de posibles compradores, organizar visitas a las propiedades, contestar preguntas y brindar información adicional sobre las características y ventajas de cada propiedad.
3. Negociación y cierre de transacciones: El promotor inmobiliario también es responsable de negociar los términos de venta con los compradores interesados.

Esto puede incluir discutir el precio de venta, las condiciones de financiamiento y cualquier otra negociación necesaria para llegar a un acuerdo mutuamente beneficioso. Una vez que se alcanza un acuerdo, el promotor inmobiliario se encarga de formalizar la transacción y cerrar la venta o *closing*.

4. Coordinación con profesionales y entidades externas: En el proceso de venta de propiedades, el promotor inmobiliario puede necesitar coordinar con otros profesionales y entidades externas, como abogados, agentes inmobiliarios, instituciones financieras y notarios. Estas colaboraciones son importantes para garantizar que todos los aspectos legales y financieros de la transacción se lleven a cabo correctamente.

5. Atención al cliente: El promotor inmobiliario debe brindar un excelente servicio al cliente durante todo el proceso de venta. Ello implica ser receptivo a las consultas y preocupaciones de los compradores, proporcionar información precisa y actualizada, y asegurarse de que los compradores se sientan respaldados y satisfechos con su experiencia de compra.

En unas palabras, el promotor inmobiliario tiene la responsabilidad de llevar a cabo todas las actividades necesarias para promover, vender y cerrar transacciones de propiedades construidas en un terreno que han adquirido. Su objetivo es maximizar el valor de las propiedades y garantizar una experiencia positiva para los compradores. Pero ello se vería mejorado si dichas actividades las coordina con profesionales y entidades externas por varias razones:

1. Experiencia y conocimiento especializado: Los profesionales y entidades externas, como abogados, agentes inmobiliarios, instituciones financieras y notarios, tienen experiencia y conocimientos especializados en diferentes áreas relacionadas con la venta de propiedades. Al coordinarse con ellos, el promotor inmobiliario puede aprovechar su experiencia y conocimientos para garantizar que todas las actividades y aspectos legales y financieros de la transacción se lleven a cabo correctamente.
2. Cumplimiento legal y regulatorio: La venta de propiedades implica el cumplimiento de diversas leyes y regulaciones. Los profesionales y entidades

externas están familiarizados con estas leyes y regulaciones y pueden asegurarse de que la transacción cumpla con todos los requisitos legales y regulatorios. Esto incluye la redacción y revisión de contratos, la realización de investigaciones de títulos de propiedad, la obtención de permisos y licencias necesarios, y el cumplimiento de los requisitos fiscales y financieros.

3. Negociaciones y acuerdos justos: Al intervenir profesionales y entidades externas, el promotor inmobiliario puede recibir asesoramiento y apoyo en las negociaciones con los compradores. Estos profesionales pueden ayudar a determinar precios justos, evaluar ofertas y condiciones de financiamiento, y brindar orientación sobre cómo lograr acuerdos mutuamente beneficiosos. Esto puede ayudar al promotor inmobiliario a maximizar el valor de las propiedades y garantizar transacciones exitosas.

4. Red de contactos y oportunidades de negocio: Los profesionales y entidades externas suelen tener una amplia red de contactos en el sector inmobiliario. Al coordinarse con ellos, el promotor inmobiliario puede acceder a nuevas oportunidades de negocio, como la identificación de posibles compradores, la

colaboración en proyectos conjuntos o la obtención de financiamiento. Esta red de contactos puede ser valiosa para expandir el alcance y las oportunidades de venta de propiedades.

En resumen, la coordinación con profesionales y entidades externas es importante para el promotor inmobiliario en el proceso de venta de propiedades porque les permite acceder a conocimientos especializados, cumplir con requisitos legales y regulatorios, lograr negociaciones justas y aprovechar oportunidades de negocio. Esta colaboración contribuye a garantizar transacciones exitosas y a maximizar el valor de las propiedades.

¿Se puede vender el inmueble antes de construirlo?

Sí, es posible vender un inmueble antes de que finalice su construcción. Esta práctica se conoce como venta sobre plano o en preventa. En este proceso, el promotor inmobiliario vende las unidades de un proyecto inmobiliario antes de que estén completamente construidas.

La venta anticipada puede tener varias ventajas tanto para el promotor inmobiliario como para los compradores y entre las cuales vale la pena mencionar:

1. Acceso a precios más bajos: En la etapa de preventa, los precios de las unidades suelen ser más bajos que una vez que el proyecto esté finalizado. Esto puede resultar atractivo para los compradores, ya que pueden obtener un mejor precio y una potencial valorización del inmueble a medida que avanza la construcción.

2. Personalización y elección: Al comprar sobre plano, los compradores a menudo tienen la oportunidad de personalizar ciertos aspectos de la unidad, como los acabados, materiales o distribución interna. Esto les permite adaptar el inmueble a sus necesidades y gustos.

3. Potencial de retorno de inversión: Para los promotores inmobiliarios, la venta sobre plano les permite asegurar una demanda inicial y financiar parte de la construcción con los pagos de los compradores. Además, si el mercado inmobiliario está en alza, pueden obtener una mayor rentabilidad al vender las unidades una vez finalizado el

proyecto.

Es importante destacar que, al comprar anticipadamente, los compradores asumen también ciertos riesgos, como posibles retrasos en la construcción o cambios en el diseño. Por tal razón, es fundamental contar con un contrato de compraventa bien redactado que proteja los derechos e intereses de ambas partes. Es por lo que es esencial que ambas partes estén informadas y protegidas mediante contratos claros y transparentes.

El cierre (Closing)

Para el cierre de venta de un inmueble recién construido, es importante contar con la documentación necesaria que respalde la transacción y garantice la legalidad y propiedad del inmueble. A continuación, te mencionaré algunos de los documentos que generalmente se requieren:

1. Contrato de compraventa: Es el documento principal que establece los términos y condiciones de la venta. Debe incluir información como el nombre del

comprador y del vendedor, la descripción detallada del inmueble, el precio de venta, las fechas de pago y entrega, las cláusulas de rescisión, entre otros aspectos relevantes.

2. Escritura pública de propiedad: Es el documento legal que certifica la propiedad del inmueble a nombre del vendedor. Debe estar inscrita en el registro de la propiedad correspondiente (casa de título) y actualizada para garantizar la validez de la venta.

3. Planos y permisos de construcción: Es importante contar con los planos arquitectónicos y los permisos de construcción del inmueble. Estos documentos certifican que la construcción se realizó cumpliendo con las normativas y regulaciones correspondientes.

4. Certificado de final de obra: Es un documento que certifica que la construcción del inmueble ha sido completada y cumple con los estándares de calidad y seguridad requeridos. Este certificado suele ser emitido por un arquitecto o ingeniero responsable de la obra.

5. Certificados de habitabilidad y servicios: Estos certificados son necesarios para garantizar que el inmueble cumple con los requisitos mínimos de

habitabilidad y que cuenta con los servicios básicos necesarios, como agua potable, electricidad y saneamiento.
6. Informe de cargas y gravámenes: Este documento detalla cualquier carga o gravamen que pueda afectar el inmueble, como hipotecas, embargos u otras deudas pendientes. Es importante verificar que el inmueble esté libre de cargas antes de proceder con la venta.
7. Certificado energético: En algunos países, se requiere un certificado energético que evalúa la eficiencia energética del inmueble. Este certificado debe ser emitido por un profesional autorizado y debe estar actualizado.

Estos son algunos de los documentos más comunes que se requieren para el cierre de venta (closing) de un inmueble recién construido. Sin embargo, es importante tener en cuenta que los requisitos pueden variar según la ubicación y las leyes locales. Se recomienda trabajar con un abogado o realtor experimentado para asegurarse de contar con toda la documentación necesaria y cumplir con los requisitos legales.

Para garantizar que un inmueble cumple con los requisitos mínimos de habitabilidad y servicios, generalmente se requieren los siguientes certificados:

1. Certificado de habitabilidad: Que es emitido por las autoridades competentes y garantiza que el inmueble cumple con las condiciones necesarias para ser habitado de forma segura y saludable. Para obtener este certificado, se realizan inspecciones técnicas para verificar aspectos como la estructura del edificio, las instalaciones eléctricas y de fontanería, el aislamiento térmico y acústico, entre otros.

2. Certificado de instalaciones: Que verifica que las instalaciones del inmueble, como el sistema eléctrico, el sistema de fontanería y el sistema de gas, cumplen con las normativas y regulaciones vigentes. Se verifica que las instalaciones estén correctamente realizadas y en buen estado de funcionamiento.

3. Certificado de seguridad: Este certificado se refiere a la seguridad del inmueble y verifica que cumple con las medidas de prevención y protección contra incendios, como la existencia de extintores, salidas

de emergencia y sistemas de detección y alarma.
4. Certificado de saneamiento: Este certificado garantiza que el inmueble cuenta con un sistema de saneamiento adecuado, incluyendo el correcto funcionamiento de las redes de alcantarillado y el suministro de agua potable.

Es muy importante destacar que los requisitos y nombres de los certificados pueden variar según el país y las regulaciones locales. Por lo tanto, es recomendable consultar con las autoridades competentes y profesionales especializados en el sector inmobiliario para asegurarse de obtener los certificados necesarios en cada caso específico.

Responsabilidades

La responsabilidad del constructor inmobiliario frente a terceros sobre el inmueble construido puede variar dependiendo de las leyes y regulaciones específicas de cada país. Sin embargo, generalmente la responsabilidad del constructor inmobiliario finaliza en el momento en que la construcción es entregada y se firma el acta de recepción o entrega del inmueble.

Una vez que se realiza la entrega del inmueble, el constructor suele quedar eximido de responsabilidad por posibles defectos o vicios ocultos, a menos que exista algún tipo de garantía contractual o legal que establezca lo contrario. Es importante tener en cuenta que las garantías y plazos pueden variar según la legislación de cada país.

Para estos fines es recomendable revisar el contrato de construcción y consultar con un abogado especializado en derecho inmobiliario para conocer los plazos y responsabilidades específicas del constructor inmobiliario en cada caso.

Algunos aspectos comunes en el cierre de venta de un inmueble son:

1. Acuerdo de venta: Tanto el vendedor como el comprador llegan a un acuerdo sobre el precio, las condiciones de pago y otros términos relacionados con la venta del inmueble.

2. Documentación legal: Se recopilan y revisan los documentos legales necesarios, como el título de propiedad, escrituras, planos, certificados de gravámenes, entre otros.
3. Inspección del inmueble: El comprador puede realizar una inspección del inmueble para verificar su estado y asegurarse de que cumple con sus expectativas.
4. Financiamiento: Si el comprador no ha adquirido de contado y requiere financiamiento, se tramita la aprobación de un préstamo hipotecario o se asegura el pago de la compra en caso de ser financiada por una entidad bancaria.
5. Firma de la escritura de compraventa: Una vez que la documentación está en orden, se procede a la firma de la escritura de compraventa, formalizando así la transferencia de propiedad.
6. Pago del precio de venta: El comprador realiza el pago del precio de venta acordado, ya sea en efectivo, mediante un cheque certificado o a través de una transferencia bancaria.
7. Registro de la propiedad: Después de la firma de la escritura de compraventa y el pago del precio de venta, se registra la transferencia de propiedad en el registro de la propiedad correspondiente.

Estos son solo algunos de los aspectos comunes en el cierre de venta (closing) de un inmueble. Es importante consultar con un profesional del derecho inmobiliario o un notario para obtener asesoramiento específico según la legislación y los requisitos del país donde se realice la transacción.

UNA CASA O UN NEGOCIO
¿QUÉ PREFIERO?

¿ME LA QUEDO O LA VENDO?
He ahí el dilema

La ganancia potencial al construir tu propia vivienda, en comparación con comprar una ya hecha, puede variar según varios factores. Al construir tu propia casa, tienes la oportunidad de personalizarla según tus necesidades y preferencias, lo que puede aumentar su valor de reventa potencial. Además, si tienes habilidades de construcción o conocimientos en el área, puedes ahorrar en costos de mano de obra.

Sin embargo, construir una casa también conlleva riesgos y desafíos. Puede llevar más tiempo y esfuerzo completar la construcción y puede haber costos imprevistos durante el proceso. Además, es importante considerar el valor de mercado de las propiedades existentes y compararlos con los costos de construcción para determinar cuál opción es más rentable.

En última instancia, la decisión de construir tu propia casa o comprar una ya hecha, dependerá de tus circunstancias personales, tus habilidades y tus objetivos financieros a largo plazo. Te recomendaría hablar con un experto en bienes raíces o un asesor financiero para evaluar todas tus opciones y tomar una decisión informada.

Si me la quedo.

Construir tu propia casa ofrece varias ventajas que pueden ser atractivas para muchas personas. Algunas de las principales bondades de construir tu propia casa son:

1. Personalización: Al construir tu propia casa, tienes la libertad de diseñar y personalizarla según tus necesidades y gustos. Puedes elegir el diseño arquitectónico, distribución de espacios, materiales de construcción, acabados, y más. Esto te permite crear un hogar a medida que se ajuste perfectamente a tus preferencias y estilo de vida.
2. Calidad y control: Al estar involucrado en el proceso de construcción, puedes asegurarte de que se utilicen materiales de calidad y que se sigan los estándares de construcción adecuados. Tendrás un mayor control sobre cada aspecto de la construcción y podrás supervisar de cerca el progreso.

3. Ahorro de costos: En algunos casos, construir tu propia casa puede ser más económico que comprar una ya hecha. Puedes tomar decisiones inteligentes para ahorrar dinero en diferentes aspectos, como la selección de materiales y la contratación de mano de obra. También puedes considerar opciones de eficiencia energética para reducir los costos de energía a largo plazo.
4. Valor de reventa potencial: Si construyes tu propia casa con buenos estándares de calidad y diseño, es posible que aumente su valor de reventa en el futuro. La personalización y los detalles únicos pueden hacerla más atractiva para los posibles compradores.
5. Sentimiento de logro: Construir tu propia casa puede ser un proyecto emocionante y gratificante. Poder ver cómo se materializa tu visión y tener un hogar que refleje tu estilo y personalidad puede generar un gran sentido de logro y satisfacción personal.

Es importante tener en cuenta que construir una casa también conlleva desafíos y responsabilidades adicionales. Es necesario contar con un presupuesto adecuado, tener conocimientos básicos de construcción o trabajar con profesionales confiables y cumplir con los requisitos legales y normativos. Antes de comenzar la gran aventura de la construcción de tu hogar, es recomendable investigar y planificar cuidadosamente para asegurarte de que sea la opción adecuada para ti.

Al construir tu propia vivienda, hay algunas consideraciones adicionales que debes tener en cuenta:

1. Presupuesto: Es importante establecer un presupuesto realista y asegurarte de tener los fondos necesarios para completar la construcción. Ten en cuenta los costos de los materiales de construcción, la contratación de mano de obra, los permisos y licencias, los servicios públicos y otros gastos asociados.
2. Planificación y diseño: Antes de comenzar la construcción, es fundamental realizar una planificación detallada y un diseño exhaustivo de tu casa. Esto implica considerar el tamaño y distribución de los espacios, la ubicación de las habitaciones, las necesidades funcionales, la orientación solar y otros aspectos importantes.

Trabajar con un arquitecto o diseñador puede ser de gran ayuda en este proceso.

3. Permisos y regulaciones: Asegúrate de obtener todos los permisos y licencias necesarios antes de comenzar la construcción. Cada ubicación tiene sus propias regulaciones y requisitos legales que deben cumplirse. Esto incluye obtener permisos de construcción, cumplir con los códigos de construcción y realizar inspecciones en diferentes etapas del proceso.

4. Contratación de profesionales: Si no tienes experiencia en construcción, es recomendable trabajar con profesionales calificados, como arquitectos, contratistas y subcontratistas. Ellos pueden brindarte asesoramiento técnico, supervisar el trabajo y garantizar que se cumplan los estándares de calidad y seguridad.

5. Tiempo y cronograma: Construir una casa puede llevar tiempo, y es importante establecer un cronograma realista. Considera los posibles retrasos debido a condiciones climáticas, cambios en los planes o problemas imprevistos. Mantén una comunicación abierta con los profesionales involucrados para asegurarte de que el proceso se desarrolle de manera eficiente.

6. Eficiencia energética y sostenibilidad: Considera incorporar elementos de eficiencia energética y sostenibilidad en el diseño de tu casa. Esto puede incluir la instalación de paneles solares, sistemas de reciclaje de agua, aislamiento térmico adecuado y la elección de materiales ecológicos. Estas medidas pueden ayudarte a reducir los costos de energía a largo plazo y minimizar el impacto ambiental.

Recuerda que construir tu propia casa implica una inversión de tiempo, esfuerzo y recursos para lo cual es esencial realizar una investigación exhaustiva, obtener consejos profesionales y planificar cuidadosamente para asegurarte de que el proceso sea exitoso y satisfactorio.

Otras consideraciones adicionales que debes tener en cuenta al construir tu propia casa son estas que a continuación te enumeramos:

1. Ubicación: La elección del lugar es un factor clave al construir una casa. Considera aspectos como la accesibilidad, la cercanía a servicios y comodidades, la seguridad del vecindario y el

potencial de revalorización de la propiedad a largo plazo. También es importante verificar los reglamentos locales de zonificación y restricciones de construcción que puedan afectar el tipo de casa que puedes construir en esa área.
2. Infraestructura y servicios: Asegúrate de que la ubicación elegida cuente con los servicios e infraestructura necesarios, como conexión a la red eléctrica, agua potable, sistema de alcantarillado, acceso a internet y transporte público. Si la ubicación no cuenta con estos servicios, es posible que debas invertir en infraestructura adicional, lo cual puede aumentar los costos de construcción.
3. Diseño de interiores: Además del diseño arquitectónico, debes considerar el diseño de interiores de tu casa. Piensa en cómo quieres que cada habitación se vea y funcione, teniendo en cuenta la distribución del espacio, los muebles, los acabados, la iluminación y los sistemas de almacenamiento. Es útil trabajar con un diseñador de interiores para aprovechar al máximo el espacio y crear un ambiente acogedor y funcional de acuerdo a las necesidades particulares de tu familia.
4. Seguridad y protección: No olvides incorporar medidas de seguridad y protección en el diseño de

tu casa. Esto puede incluir la instalación de sistemas de alarma, cerraduras de seguridad, cámaras de vigilancia, detectores de humo y sistemas de extinción de incendios. También es importante considerar la resistencia de la estructura a eventos climáticos extremos, como terremotos, huracanes o inundaciones, dependiendo de la ubicación geográfica.

5. Mantenimiento y durabilidad: Al construir tu propia casa, es importante elegir materiales duraderos y de calidad que requieran poco mantenimiento a largo plazo. Considera la resistencia a la humedad, la corrosión y otros factores que puedan afectar la integridad de la estructura. Además, planifica un programa regular de mantenimiento para asegurarte de que tu casa se mantenga en buen estado y conserve su valor a través de los años.

6. Futuras expansiones y adaptabilidad: Piensa en las necesidades futuras y la posibilidad de realizar expansiones o adaptaciones en tu casa, como por ejemplo, incorporar un espacio adicional para una oficina en el hogar, una habitación de invitados o una sala de juegos. También es importante considerar la posibilidad de hacer tu casa accesible para personas con discapacidades, si es necesario.

Estas consideraciones adicionales te ayudarán a tener en cuenta diferentes aspectos al construir tu propia casa y asegurarte de que cumpla con tus necesidades, preferencias y expectativas a largo plazo. No dudes en buscar asesoramiento profesional y tomar el tiempo necesario para planificar y diseñar tu casa de manera adecuada.

¿Si la vendo?

Construir para vender es claro que debe pasar por tener en cuenta el factor demanda inmobiliaria, y para ello es crucial hacerlo en zonas de desarrollo o de potencial de desarrollo inmobiliario, lo cual supone una demanda prácticamente garantizada antes de comenzar a construir. Ciudades secundarias cercanas a grandes ciudades, puede ser de gran utilidad, como es el caso de regiones como la costa oeste del sur de Florida.

La costa oeste del sur de Florida es un destino muy popular para los compradores de viviendas debido a su clima cálido, hermosas playas y estilo de vida relajado. Esto crea una oportunidad para los constructores de viviendas que desean construir propiedades para vender en esta área. Sin embargo, hay varios factores a considerar al tomar esta decisión, por lo que a continuación, te mencionamos algunos pros:

1. Demanda constante: La costa oeste del sur de Florida es un destino muy popular para los compradores de viviendas. El clima cálido, las hermosas playas y el estilo de vida relajado atraen a una amplia gama de compradores, incluidos jubilados y personas que buscan una segunda residencia. Esta alta demanda de viviendas crea un mercado en constante crecimiento y una gran cantidad de compradores potenciales para las propiedades que se construyen para vender.

2. Potencial de ganancias: El mercado inmobiliario en la costa oeste del sur de Florida tiene un potencial de ganancias significativo. La solicitud constante de viviendas en esta área puede resultar en un aumento del valor de las propiedades a lo largo del tiempo. Los constructores que invierten en la construcción para vender pueden obtener beneficios considerables a medida que el mercado

inmobiliario se fortalece. Además, la construcción de viviendas nuevas les permite establecer el precio de venta y obtener un mayor margen de beneficio en comparación con la compra y renovación de propiedades existentes.

3. Atractivo turístico: La costa oeste del sur de Florida atrae a turistas de todo el mundo. Esto puede generar un mercado de alquileres atractivo para los inversores. Muchos compradores buscan propiedades que puedan alquilar a turistas durante los periodos en los que no las utilizan. Esta demanda de alquileres puede brindar una oportunidad adicional de generar ingresos para los constructores de viviendas.

4. Estilo de vida y comodidades: La costa oeste del sur de Florida ofrece un estilo de vida envidiable. Además de las hermosas playas, esta área cuenta con una amplia gama de comodidades, como campos de golf, restaurantes, tiendas y actividades al aire libre. Estas características atractivas pueden aumentar el interés de los compradores en las propiedades que se construyen para vender.

5. Clima agradable: El clima cálido y soleado de la costa oeste del sur de Florida es otro factor atractivo para los compradores de viviendas. Muchas

personas buscan escapar del clima frío y disfrutar de un clima agradable durante todo el año. Esta ventaja climática puede ser un factor decisivo para aquellos que buscan adquirir una propiedad en esta área.

En resumen, construir para vender en la costa oeste del sur de Florida ofrece ventajas como una demanda constante de viviendas, potencial de ganancias, atractivo turístico, estilo de vida y confort, y un clima agradable. Estas ventajas hacen de esta área un destino atractivo para los constructores de viviendas.

Ventajas

Una de las principales ventajas de construir para vender en la costa oeste del sur de Florida es el mercado inmobiliario en constante crecimiento. La demanda de viviendas en esta área es alta, especialmente entre los jubilados y aquellos que buscan una segunda residencia. Esto significa que hay una gran cantidad de compradores potenciales para las propiedades que se construyen para vender. Además, la costa oeste del sur de Florida atrae a turistas de todo el mundo, lo que puede generar un mercado de alquileres atractivo para los inversores.

Otra ventaja es el potencial de ganancias. La demanda constante de viviendas en esta área puede resultar en un aumento del valor de las propiedades a lo largo del tiempo. Esto significa que los constructores que invierten en la construcción para vender pueden obtener beneficios significativos a medida que el mercado inmobiliario se fortalece. Además, la construcción de viviendas nuevas permite a los constructores establecer el precio de venta y obtener un mayor margen de beneficio en comparación con la compra y renovación de propiedades existentes.

Desventajas

Sin embargo, también hay desventajas a considerar al construir para vender en la costa oeste del sur de Florida. Una de ellas es la competencia.

Dado que esta área es un destino popular, hay muchos otros constructores que también están interesados en aprovechar el mercado inmobiliario. Esto significa que es necesario destacar y ofrecer algo único para atraer a los compradores. Además, la competencia puede afectar los precios y reducir los márgenes de beneficio.

Otra contra es el costo de la tierra y los materiales de construcción en esta área. La demanda y la popularidad de la costa oeste del sur de Florida han llevado a un aumento en los precios de la tierra y los materiales de construcción. Esto puede afectar los costos de construcción y reducir los márgenes de beneficio para los constructores. Además, el clima y los fenómenos naturales, como los huracanes, pueden aumentar los costos de construcción y mantenimiento de las propiedades.

En conclusión, construir para vender en la costa oeste del sur de Florida tiene ventajas y desventajas. La alta demanda de viviendas, el potencial de ganancias y el atractivo turístico son ventajas importantes. Sin embargo, la competencia, los altos costos de la tierra y los materiales, y los desafíos climáticos son desventajas a considerar. Al tomar la decisión de construir para vender en esta área, es importante realizar un análisis cuidadoso y considerar todos estos factores para maximizar el éxito y los beneficios.

OTRAS VENTAJAS
UNA VISA E-2

La construcción de viviendas en Estados Unidos desempeña un papel fundamental en la economía del país, generando empleo, impulsando el crecimiento y atrayendo inversiones extranjeras. En particular, la visa E-2 ofrece a los inversores extranjeros la oportunidad de establecer y operar un negocio en Estados Unidos, siempre y cuando cumplan con ciertos requisitos y contribuyan al desarrollo económico del país.

El sector de la construcción de viviendas en Estados Unidos ha experimentado un crecimiento constante en los últimos años. La demanda de viviendas sigue siendo alta debido a diversos factores, como el aumento de la población, la necesidad de viviendas asequibles y la renovación urbana. Esto crea una oportunidad atractiva e interesante para los inversores extranjeros que desean participar en la construcción de viviendas en Estados Unidos.

La visa E-2 es una excelente opción para los inversores extranjeros interesados en la construcción de viviendas en Estados Unidos. Esta visa les permite ingresar y permanecer en el país mientras administran y operan su negocio de construcción de viviendas. Para calificar para la visa E-2, los inversores deben demostrar que tienen la intención de desarrollar y dirigir una empresa sustancial en Estados Unidos, así como invertir una cantidad significativa de capital en el negocio.

La construcción de viviendas en Estados Unidos ofrece numerosos beneficios para los inversores extranjeros. En primer lugar, el mercado de la vivienda en Estados Unidos es muy estable y ofrece oportunidades de crecimiento a largo plazo. El país tiene una alta demanda de viviendas, ya sea para compra o alquiler, lo que garantiza un flujo constante de clientes potenciales.

Además, la construcción de viviendas en Estados Unidos contribuye al desarrollo de la infraestructura y al crecimiento económico. La creación de nuevas viviendas implica la contratación de mano de obra local, lo que genera empleo y estimula la economía a nivel local y nacional. Además, la construcción de viviendas impulsa la demanda de materiales de construcción, lo que beneficia a la industria manufacturera y a otros sectores relacionados.

Otro factor atractivo para los inversores extranjeros es la estabilidad política y jurídica de Estados Unidos. El país cuenta con un sistema legal robusto y una estructura empresarial bien establecida, lo que brinda seguridad y protección a los inversores. Además, Estados Unidos ofrece una amplia gama de servicios y recursos para apoyar a los inversores extranjeros, como programas de asesoramiento empresarial, incentivos fiscales y acceso a mercados financieros.

En conclusión, la construcción de viviendas en Estados Unidos ofrece una oportunidad atractiva para los inversores extranjeros que desean solicitar la visa E-2. Este sector en crecimiento contribuye al desarrollo económico del país, genera empleo y atrae inversiones. La estabilidad del mercado de la vivienda, la infraestructura legal y la estabilidad política hacen de Estados Unidos un destino atractivo para aquellos que buscan participar en la construcción de viviendas y contribuir al crecimiento económico del país.

Para calificar para la visa E-2 en Estados Unidos, los inversores extranjeros deben cumplir con los siguientes requisitos:

1. Nacionalidad: El solicitante debe ser ciudadano de un país que tenga un tratado de comercio y navegación con Estados Unidos que permita la visa E-2. La lista de países elegibles se encuentra disponible en el sitio web del Departamento de Estado de Estados Unidos.
2. Inversión sustancial: El inversor debe realizar una inversión sustancial en un negocio en Estados Unidos. La cantidad específica de la inversión no está definida en la ley, pero se espera que sea proporcional al costo total del negocio y suficiente para garantizar su éxito.
3. Control y dirección: El solicitante debe tener la intención de desarrollar y dirigir activamente el negocio en el que ha invertido. Esto implica tener un papel activo en la toma de decisiones y en la gestión diaria del negocio.

4. Fuente de fondos lícitos: El solicitante debe demostrar que los fondos utilizados para la inversión en el negocio provienen de fuentes lícitas. Esto implica proporcionar pruebas documentales de la procedencia de los fondos, como extractos bancarios, contratos de venta de propiedades u otros documentos financieros.
5. Beneficio económico: El negocio en el que se invierte debe tener la capacidad de generar un beneficio económico sustancial tanto para el inversor como para la economía de Estados Unidos. Esto implica demostrar un plan de negocios sólido y realista que demuestre el potencial de crecimiento y éxito del negocio.

Es importante tener en cuenta que estos requisitos son generales y pueden variar según el caso individual. Es recomendable consultar con un abogado de inmigración o especialista en visas para obtener asesoramiento personalizado y asegurarse de cumplir con todos los requisitos específicos para la visa E-2.

La visa E-2 es una visa de inversión que permite a los ciudadanos extranjeros invertir y operar un negocio en Estados Unidos. A continuación, te brindo más detalles sobre los requisitos y características de esta visa:

1. Tratado de comercio y navegación: La visa E-2 está disponible para los ciudadanos de países que tienen un tratado de comercio y navegación con Estados Unidos. Estos tratados establecen los términos y condiciones bajo los cuales los ciudadanos de esos países pueden solicitar la visa E-2. Es importante verificar si el país de origen del inversor tiene un tratado vigente con Estados Unidos.

2. Inversión sustancial: La inversión realizada por el solicitante debe ser sustancial. Aunque no existe un monto mínimo establecido por la ley, se espera que la inversión sea proporcional al costo total del negocio y suficiente para asegurar su éxito. Además, los fondos deben estar en riesgo, lo que significa que el inversor debe estar comprometido con el negocio y no simplemente colocar el dinero en una cuenta bancaria en Estados Unidos.

3. Control y dirección: El inversor debe tener la intención de desarrollar y dirigir activamente el

negocio. Esto implica tener un papel activo en la toma de decisiones y en la gestión diaria del negocio. La visa E-2 no está diseñada para inversiones pasivas, como la compra de propiedades con fines de inversión.

4. Fuente de fondos lícitos: El inversor debe demostrar que los fondos utilizados para la inversión en el negocio provienen de fuentes lícitas. Esto implica proporcionar pruebas documentales, como extractos bancarios, contratos de venta de propiedades u otros documentos financieros, que demuestren la procedencia legítima de los fondos.

5. Beneficio económico: El negocio en el que se invierte debe tener la capacidad de generar un beneficio económico sustancial tanto para el inversor como para la economía de Estados Unidos. El solicitante debe presentar un plan de negocios sólido y realista que demuestre el potencial de crecimiento y éxito del negocio, y ofrecer una fuente de empleo para una persona.

Es importante destacar que la visa E-2 es una visa de no inmigrante, lo que significa que es temporal y renovable. Sin embargo, no hay un límite específico en cuanto al tiempo máximo que se puede permanecer en Estados Unidos con esta visa. Mientras el negocio siga siendo viable y cumpla con los requisitos, el inversor puede solicitar la renovación de la visa de manera indefinida.

Recuerda que la información que te proporcionamos es general y puede variar según el caso individual. Nosotros no somos especialistas en el tema migratorio, pero si estás interesado en obtener una visa E-2, te recomendamos consultar con un abogado de inmigración o especialista en visas para obtener asesoramiento personalizado y asegurarte de cumplir con todos los requisitos y procedimientos específicos.

La información más actualizada sobre los países elegibles para solicitar la visa E-2 se puede obtener a través del sitio web del Departamento de Estado de Estados Unidos. El Departamento de Estado mantiene una lista actualizada de los países que tienen un tratado de comercio y navegación con Estados Unidos que permite a sus ciudadanos solicitar la visa E-2. Puedes acceder a esta información en el enlace: (https://travel.state.gov/content/travel/en/us-visas/visa-information-

AMBAS COSAS
NUESTRA RECOMENDACIÓN

Alguien una vez dijo: *nada es enteramente bueno, ni nada es enteramente malo*. Pero ¿qué tal si te digo, que algo puede ser al tiempo bueno y dos veces? Podemos y debemos decirte que si bien es cierto, es muy importante tener un techo propio, quizás no sea lo primero que tienes que hacer.

No hay una respuesta definitiva a esta pregunta, ya que depende de varios factores. Construir para vivir implica construir una propiedad con la intención de vivir en ella a largo plazo. Esto puede brindar estabilidad y comodidad a nivel personal, ya que puedes diseñar y personalizar tu hogar según tus necesidades y preferencias.

Por otro lado, construir para vender implica construir una propiedad con la intención de venderla en el mercado inmobiliario. Esto puede ser una inversión lucrativa si se hace de manera correcta, ya que puedes obtener ganancias al vender la propiedad una vez que esté terminada. Sin embargo, implica más riesgos y puede requerir más conocimientos y habilidades en el ámbito inmobiliario.

En última instancia, la elección entre construir para vivir o construir para vender dependerá de tus objetivos personales, situación financiera y conocimientos en el área de la construcción e inversión inmobiliaria. Puede ser útil consultar con expertos en el campo y evaluar cuidadosamente tus circunstancias antes de tomar una decisión.

Al decidir entre construir para vivir o construir para vender, hay varios factores que debes considerar. Estos incluyen:

1. Objetivos personales: Determina si prefieres tener un hogar personalizado y estable a largo plazo o si estás interesado en generar ganancias a través de la inversión inmobiliaria.
2. Situación financiera: Evalúa tu capacidad financiera para construir una propiedad y para mantenerla a largo plazo en caso de optar por vivir en ella. También considera si tienes los recursos necesarios para invertir en una propiedad con el fin de venderla.
3. Conocimientos y habilidades: Evalúa tu nivel de experiencia y conocimientos en el ámbito de la construcción y la inversión inmobiliaria. Si tienes experiencia en la construcción y estás familiarizado

con el mercado inmobiliario, podrías considerar construir para vender.
4. Mercado inmobiliario: Investiga y analiza el mercado inmobiliario local. Considera la demanda de viviendas y las tendencias de precios. Si hay una alta demanda y un mercado en crecimiento, construir para vender puede ser una opción atractiva.
5. Tiempo y compromiso: Evalúa cuánto tiempo estás dispuesto a invertir en el proceso de construcción y venta de una propiedad. Construir para vivir implica un compromiso a largo plazo, mientras que construir para vender puede requerir una dedicación intensiva durante el proceso de construcción y venta.
6. Asesoramiento profesional: Consulta con expertos en el campo, como agentes inmobiliarios, arquitectos o constructores, para obtener consejos y orientación basados en tu situación específica.

No obstante, que estos factores pueden variar según tu ubicación geográfica y circunstancias individuales, resulta relevante tomarnos el tiempo necesario para evaluar cuidadosamente cada factor antes de tomar una decisión.

Amerideve® ofrece una amplia gama de servicios a sus clientes en el sector de la construcción y desarrollo inmobiliario. Algunos de los servicios que ofrecemos incluyen:

1. Desarrollo integral de proyectos: Amerideve® trabaja en estrecha colaboración con sus clientes para desarrollar proyectos inmobiliarios desde cero y hasta la venta y entrega definitiva del inmueble construido. Esto supone inteligencia de mercado inmobiliario, búsqueda de lotes, planificación, diseño arquitectónico, obtención de permisos, gestión de la construcción y entrega del proyecto finalizado, además de la venta y entrega.
2. Construcción personalizada: Amerideve® se especializa en la construcción de viviendas y propiedades personalizadas que cumplen con las necesidades y preferencias alineados con estándares de fabricación y equipamiento de última generación. Sus servicios van desde diseños generales, hasta construcción a medida y por diseño personalizado, utilizando materiales de alta calidad y mano de obra especializada.

3. Renovaciones y remodelaciones: Amerideve® también ofrece servicios de renovación y remodelación para propiedades existentes, conocidos como fix and flip. Ya sea que los inversionistas deseen renovar una vivienda para luego revender, expandir un espacio o modernizar una propiedad, Amerideve® puede hacerse cargo de esos proyectos.

4. Diseño arquitectónico: Amerideve® cuenta con un equipo de arquitectos y diseñadores experimentados que pueden brindar servicios de diseño arquitectónico personalizados, o bajo estándares según la zona. Esto incluye el diseño de interiores y exteriores, maximizando el uso del espacio y creando ambientes funcionales y estéticamente atractivos; sea en versiones single family, duplex o multifamily.

5. Obtención de permisos de construcción. Cada ciudad tiene, según las zonas, estándares de fabricación y ocupación de terrenos, por los cuales debemos regirnos a la hora de la ejecución del proyecto arquitectónico. Es donde nuestro conocimiento hace la diferencia, ya que de acuerdo a la locación, estos trámites pueden ser más o menos complejos.

6. Gestión de proyectos: Amerideve® ofrece servicios de gestión de proyectos para asegurar que los proyectos se ejecuten de manera eficiente, de acuerdo a los permisos de la ciudad y dentro del presupuesto. Esto implica coordinar proveedores, contratistas y subcontratistas, así como hacer seguimiento del progreso del proyecto y la resolución de cualquier problema que pueda surgir. Esta gestión puede ser seguida a distancia por parte del inversionista, toda vez que Amerideve® hace instalar videocámaras en cada una de sus construcciones, con acceso desde el dispositivo móvil, en cualquier parte del planeta que se encuentre el inversionista y las veinticuatro horas del día.

7. Consultoría y asesoramiento: Amerideve® brinda asesoramiento y consultoría a sus clientes en todas las etapas del proceso de construcción y desarrollo inmobiliario. Esto incluye la identificación de oportunidades de inversión a futuro, análisis de viabilidad, evaluación de riesgos y ayuda en la toma de decisiones estratégicas, pues busca establecer con sus clientes, relaciones comerciales y profesionales perpetuas.

Estos son solo algunos de los servicios que Amerideve® ofrece a sus clientes en el sector de la construcción y desarrollo inmobiliario. Su enfoque personalizado, experiencia y compromiso con la calidad los convierten en una opción confiable para aquellos que buscan servicios profesionales en esta industria. Al final del día, queremos que más allá de la decisión que tome el inversionista, ello garantice un beneficio significativo, tanto a nivel emocional y patrimonial, si se la queda, como material y pecuniario si la quiere vender para seguir construyendo y ganando a nuestro lado.

Miami, julio de 2024

Made in the USA
Middletown, DE
25 July 2024

57840538R00099